小心者こそ儲かる

今こそ「日本株」で1億円!

7日間トレード株入門

二階堂重人

ビジネス社

はじめに

「損をするのが怖くて、株の売買をなかなか始められない」「損をするのが怖くて、なかなか株を買えない」

こういう方は多いようです。どちらかといえば、気が小さいタイプ。彼らは株式投資や株トレードに向いていないように思えます。しかし、それは逆です。株式投資や株トレードは気が小さいほう、いわゆる「小心者」のほうが向いています。

著者は幼少のときから小心者でした。今でもはっきり覚えていることがあります。幼稚園の帰り道、他の園児たちといっしょに帰ったのですが、そのとき、順番に水溜りを飛び越えることになりました。他の園児たちは簡単に飛び越えるのですが、著者は水溜りの前で二の足を踏んでいました。うまく飛び越えられなかったら泥水がはねそうだ、滑って転びそうだ、という悪い事態を考えていたからです。

その後もずっと小心者のままです。性格はトレードに表れます。

一時、リスクが気になって、なかなか株を買えないときがありました。

そこで、ひたすら、株式投資や株トレードの勉強をし、検証を繰り返しました。「リスクが小さいのはどのタイミングなのか」を自分なりに突きとめようとしたわけです。その甲斐あって、株トレードで生計を立てられるようになりました。小心者だったことがよいほうに働いた結果だと思います。

株式投資や株トレードは、著者のような小心者のほうが向いています。株式投資や株トレードにおけるリスクを慎重に見極めようとするからです。逆に、気が大きな人や大胆な人はリスクを慎重に見極めようとしないので、リスクが高いタイミングで買ってしまい、1回の売買で大きな損失を出してしまうことが多いのです。

本書は、「リスクの見極め方」と「リスクが低い状況でのトレード手法」を紹介しています。それを一週間という短い期間で学んでいただこうというものです。レッスンは7日間ありますが、もちろん1日ですべて読み終えてしまってもかまいません。

そして、本書を読み終えたあとは、実践しましょう。経験を積んで、リスクの見極め方を学び、トレード手法の精度をさらに高めて大きな利益を目指してください。

大きな利益というと、やはり1億円。株トレードをする以上、ぜひ手にしたい金額です。株で儲けやすいときに成果をだし、株価が下がりやすい状況では手をださない小心者であればこそ実現可能な金額です。1億円目指してがんばってください。

2日目 株価が下がりやすい状況を知る

3日目

週足チャートを使ったスイングトレード

4日目 日足チャートを使ったスイングトレード

5日目 急騰初日の銘柄に絞り込んだデイトレード

6日目 ロスカットでリスクをコントロールする

7日目 株トレードの立ち回り方

◎本書は、著者の売買体験に基づいた投資テクニックを解説したものです。
個人の投資結果を保証するものではありません。

1日目

株で儲けやすいときはあるのか

1 株で儲けられる確率が高いとき、低いとき

「いつ（株を）買えば、儲けられますか？」

「今、株は買い時ですか？」

今までに何度となく、このようなことを聞かれました。

このような質問をしてくる方のほとんどは、株式投資・株トレードの初心者か未経験者。または、経験はそこそこあるが、損をしている人です。

株で儲けやすいときはあるのでしょうか。

初心者や未経験者でも儲けられるときはあるのでしょうか。

あります。もちろん、「絶対に儲けられる」とはいえませんが、儲けられる確率が高いとき（状況、または相場）はあります。

では、それはいつなのでしょうか？　答えは、
相場全体が上昇しているとき
です。これは断言してもよいでしょう。

初心者や未経験者が株の売買をする場合、ほとんどが「買い」から入ります（売りから入る取引もあります）。当然のことですが、買いの場合、買った後に値上がりすると利益が出ます。

相場全体が上昇しているときは、多くの銘柄が値上がりするので、買えば利益が出やすくなります。

これをたとえるなら、追い風の中を走っている状況です。風で背中を押されるので、どんどん前に進んでいきます。走破タイムは速くなるでしょう。実力以上の成績（または結果）になるわけです。

相場全体が上昇しているときは、株価を下から押し上げるので、どんどん値上がりしていきます。ですから、自分の実力以上の成績（損益結果）になります。

リスクが低い状況であり、株式投資や株トレードをするには絶好のタイミングです。

逆に、相場全体が下落（下降）しているときは、多くの銘柄が値下がりするので、買えば損失が出やすくなります。

たとえるなら、向かい風の中を走っている状況です。風で（前から）身体を押されるので、前に進むのは大変です。走破タイムは遅くなるでしょう。実力以下の成績になるわけです。

相場全体が下落しているときは、株価を上から押し下げるので、どんどん値下がりしていきます。ですから、自分の実力以下の成績になります。

リスクが高い状況であり、株式投資や株トレードをするには最悪のタイミングです。

また、相場全体が横ばいで推移しているときは、個別銘柄の株価があまり動かないので、差益を得るのが難しいといえます。

たとえるなら、無風の中を走っている状況です。風による有利、不利はありません。ですから、自分の実力どおりの走りになります。実力がなければ、タイムは遅くなるでしょう。

相場全体が横ばいで推移しているときは、株価を下から押し上げる力もなければ、上から押し下げる力もありません。ですから、自分の実力どおりの成績になります。実力がなければ、投資成績は悪くなるでしょう。

以上のことからわかるように、初心者、未経験者、株で損ばかりしている人が株式投資や株トレードをするなら、相場全体が上昇しているとき。このときだけに絞り込んで株式投資や株トレードをすれば、「簡単に儲けられる」といってもよいでしょう。

儲かる確率が高い相場はあるのか？

POINT 相場全体が上昇しているときなら初心者でも儲かる確率が高い

2 多くの人は相場全体の急落に巻き込まれて損をしている

「相場全体が上昇しているときに株を買ったけど、損をした。しかも、大損」という方もたくさんいることでしょう。実際、私の周りでも、相場全体が上昇しているときに株を買って、損をした人が何人もいます。相場全体が上昇しているときは、株で儲けられる確率が高い。それなのに、損をする人がたくさんいる。

このほとんどは、相場全体の急落に巻き込まれてしまったのが原因です。どのような状況なのか、実際のチャート（株価のグラフ）を使って説明しましょう。次ページのチャートは日経平均株価の週足（1週間単位の株価を表したもの）です。あとで改めて説明しますが、日経平均株価は相場を代表する指標といえます。

Aのところを見てください。株価は大きく上昇しています。株を買って持ち続けていれば、含み益（計算上の利益）がどんどん増えていったことでしょう。多くの銘柄が値上がりしたので、それこそ、簡単に儲けられたはずです。しかし、Bのところで株価が急落しています。このような急落に巻き込まれて損をする人が多いのです。

急落に巻き込まれて損をしてしまう人が多い

日経平均株価 週足チャート

3 儲けやすい状況でも買うタイミングが悪いと損をしやすい

相場全体が上昇しているときは、儲けられやすいというのは間違いないのですが、必ず儲けられるわけではありません。

では、損をした人はどこがいけなかったのでしょうか。

次ページのチャートを見てください。先ほどと同じ日経平均株価の週足です。

Cのところで株を買った場合、ここからさらに大きく上昇したので、儲けられたはずです。よほど運が悪くないかぎり、損をすることはないでしょう。

しかし、Dのところで株を買った場合、ここからは少ししか上昇していません。しかも、すぐに急落しています。うまく売り抜けたとしても、利益はわずか。もし、急落に巻き込まれたとすれば、大きく損をしたはずです。

「相場全体が上昇しているときに株を買ったけど、損をした。しかも、大損」

これは、「買ったところが悪かった」ということです。あとで説明しますが、Dのところはかなりリスクが高い状況です。損をする確率が高い状況なのです。

買うタイミングが悪いと損をしやすい

日経平均株価 週足チャート

4 株価の位置が高いほど急落しやすい

株価はどこまでも上がっていくわけではありません。どこかで上昇がストップします。その後、急落することがあります。「大きく上昇した後の急落」というのは珍しいことではありません。むしろ、「お決まりのパターン」といえるほど、よくあることなのです。

では、いつ急落するのでしょうか。

それは、わかりません。著者は17年以上、株トレードで生計を立てていますが、それでも、「そろそろかな」くらいにしかわかりません。

しかし、急落が起きやすい状況はわかっています。

それは、「株価の位置が高い」です。

先ほどの日経平均株価の例でいえば、Cは「位置が低い」、Dは「位置が高い」ということになります。

株価の位置が高いほど急落しやすいと覚えておいてください。

株価の位置が高い＝急落しやすい

日経平均株価 週足チャート

5 地面からの高さがわからない板の上を歩けますか？

唐突ですが、今から述べることを少し想像してみてください。

あなたの目の前にはあるものがあります。それは、板でも、ロープでも、平均台でもいいのですが、板にしておきましょうか。幅20センチの板があるとしましょう。長さは、ものすごく長く、先のほうはよく見えません。

あなたがその板の上を歩いていきます。

地面から板までの高さが10センチ程度であれば、あなたは怖がることもなく、板の上を歩いていけるはずです。なぜなら、仮に板から落ちたとしても、怪我をする確率が極めて低いからです。よほど落ち方が悪くないかぎり大怪我はしないでしょう。せいぜい、足をくじくくらいです。

では、地面から板までの高さが30センチならどうでしょうか。まだまだ怖がることもなく歩けますよね。やはり、仮に板から落ちたとしても、怪我をする確率が低いからです。

では、地面から板までの高さが2メートルならどうでしょうか。まだまだ歩けますよね。しかし、「怖がることなく」とはいえないでしょう。高さ2メートルのところから落ちれば、怪我をする確率はそこそこあります。

では、地面から板までの高さが5メートルならどうでしょうか。高さ5メートルというと、かなり高いです。怪我をする確率はぐっと高くなります。歩けないこともありませんが、かなり慎重になるので、ゆっくり歩くことになるでしょう。

では、地面から板までの高さが10メートルなら……もうやめておきましょうか。ここからはほとんど同じ文になってしまうので。

著者は、株価のリスクをよく「高さ」にたとえます。

株を買うということは、ここで言うところの「板の上を歩く」ことになります。「地面から板までの高さ」は「リスク」です。

リスクが読めないということは、地面からの高さがわからない板の上を歩いているのと同じことです。地面から板までの高さが10センチなのか、それとも5メートルなのか。ひょっとしたら、10メートル以上あるかもしれません。

そんな恐ろしいことできますか？

できないと思います。怖くて。

でも、実際の相場でそのような人がいます。しかも、たくさん。

高さ10メートルくらいの板の上をスタスタと歩いています。

著者はそれを見て、「よくそんな高いところを平気で歩けるな」と思います。

歩いている本人は危ない（リスクがある）とは思っていないようで、儲かったときのことを想像してか、ニタニタとしながら歩いています。

そして、ある日、板が割れて……。

「板の上を歩く」というたとえでわかったと思いますが、リスクをよく見極めることが大切です。

もちろん、すべての銘柄でリスクを見極められるわけではありません。しかし、株式市場には数多くの銘柄があるので、見極められる銘柄もあります。

「そのリスクが小さい」と判断できたときだけ、株を買います。「身体が落ちても（株価が下落しても）、たいした怪我をしない（たいした損をしない）」ということがわかったときだけ株を買うわけです。

6 「株価の位置」の見極め方

株価の位置が高いとリスクが大きい、ということは理解できたことと思います。では、株価の位置が高いか、高くないかは、どのようにして見極めればよいのでしょうか。

これは、ローソク足チャート（以下、チャートと略します）を使います。チャートについての基本的な見方については省略させていただきます。基本的な見方がわからない方は、インターネットで調べてください。見方を説明しているサイトがたくさんあります。

チャートは時間軸のことなるものが複数あります。その中から、自分のトレードスタイルに合ったものを選んで使います。

- **デイトレード……5分足チャート（日中足チャート）**
- **スイングトレード（数日間〜2週間程度で決済する売買）……日足チャート**
- **短期売買……日足チャート、週足チャート**

・中長期投資……日足チャート、週足チャート、月足チャート

位置を見極める基準

では、株価の位置が高いか、高くないかは、何を基準に見極めればよいのでしょうか。

たとえば、山が高いか、そうでないかは「標高」で判断します。標高の基準となるのは、「海抜（平均海面からの高さ）」です。

では、チャートの場合、「株価0円」を基準にすればよいのでしょうか。

これは間違っています。

「株価0円」を基準にすると、株価1万円以上の株は位置が高いように、株価数百円の株は高くないように思えてしまいます。しかし、株価が1万円以上でも高くない場合がありますし、株価が数百円でも高い場合があります。「株価0円」は高さを見極める基準にはならないということです。

著者の場合、高さを見極めるには、「上昇しはじめる前の株価」を基準にしています。

例を挙げて説明しましょう。次ページのチャートは、エーザイ（東証1部

株価の高さを見極める基準

エーザイ（東証1部4523）週足

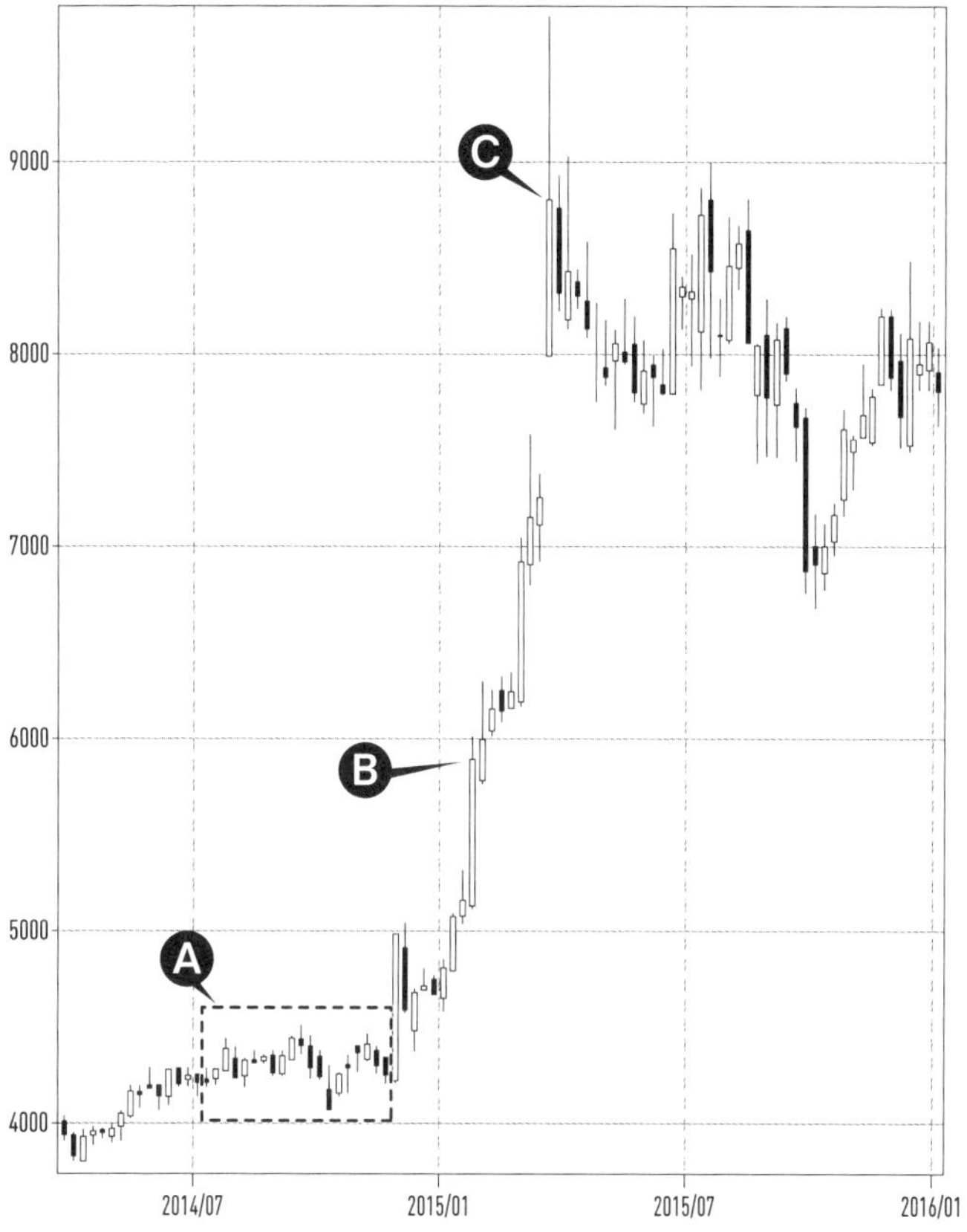

4523）の週足チャートです。

このチャートの場合、「上昇しはじめる前の株価」はAのあたりになります。細かく捉えると（見ると）上げ下げの動きがありますが、大きく捉えると「ほぼ横ばい」です。全体から見ると、「まだ上昇していないところ」といえます。

このあたりを基準にして、ある位置（株価の位置）が「高い」か「そうでないか（高くないか）」を判断することになります。

たとえば、Bの位置が高いか高くないかを見極めるとします。Aのあたりを基準にして判断すると、位置としては、Aからそれほど上がっていないので、「高くない」ということになります。

次に、Cの位置が高いか高くないかを見極めるとします。この場合も、Aのあたりを基準にして判断します。位置としては、Aからかなり上にあるので、「高い」ということになります。

このように、「上昇しはじめる前の株価」を基準にすれば、ある地点の株価が高いか、高くないかを見極めることができるわけです。

「上昇しはじめる前の株価」を特定する練習

株価の位置が高いか、高くないかを見極めるためには、まず、基準となる「上昇しはじめる前の株価」を特定しなければなりません。

読者の皆さんは、まず、「上昇しはじめる前の株価」を特定する練習から始めましょう。以下の手順で進めると、特定しやすいと思います。

1．高いか、高くないかを見極めたい位置を確認する

2．そこから、左側（時系列とは逆）へ見ていく（坂を下っていくように）

3．上昇しはじめる前（下り坂の一番下）を特定する

一般的に、チャートを見ていく場合、右端（最新の株価）から見ていくか、もしくは、左端（そのチャートにおける最も古い株価）から見ていきます。

しかし、「上昇しはじめる前の株価」を特定する場合は、まず、「高いか、高くないかを見極めたい位置」から見ます。

そこから、チャートの時系列とは逆になる、左側へ見ていきます。坂の頂上から下っていくように見ていきましょう。

そして、坂の一番下まで下ります。そこが「上昇しはじめる前の株価」になります。

では、29ページに掲載したチャートで手順通りに進めてみましょう。練習なのでわかりやすいように、Cのところが高いか高くないかを見極めることにします。

手順の「1」は、Cのところになります。

手順の「2」は、「1」のところから左側へ見ていきます。この場合は、Cのところから左側へ見ていきます。

手順の「3」は、上昇しはじめる前（下り坂の一番下）を特定します。下り坂の一番下はAのところです。

よって、「上昇しはじめる前の株価水準」はAのところになります。

下り坂の途中に小さな「山」がある場合

「高いか、高くないかを見極める位置」から「上昇しはじめる前の株価水準」までが「ほぼ直線の傾斜」ということは少ないでしょう。

たいがい、坂を下っていく途中に、いくつか小さな山（高値）があります。

例を挙げておきましょう。次ページに掲載してあるチャートを見てください。

下り坂の途中に低い高値がある場合

日医工（東証1部4541）週足

Aの位置が高いか、高くないかを見極めるとします。

Aから左に見ていくと、Bのところに株価の上げ下げでできた山があります。

このような場合はどうすればよいのか、ということです。

この場合、途中の山を越えてどんどん下りてください。つまり、Bのところを越え、さらに下へ（左へ）いきます。そして、坂の一番下までいきます。この場合、Cが一番下です。ここが「上昇しはじめる前の株価水準」になるわけです。

山が複数ある場合も同じ。山を越えてどんどん下りてください。

下り坂の途中に「別な高値」がある場合

次は、「高いか、高くないかを見極める位置」から「上昇しはじめる前の株価水準」までの間に別な高値がある場合について説明します。

文字だけではどういった状況なのかわからないと思いますので、チャートの例を挙げておきます。

次ページに掲載してあるチャートを見てください。

Aの位置が高いか、高くないかを見極めるとします。

下り坂の途中に別な高値がある場合

ロート製薬（東証1部4527）週足

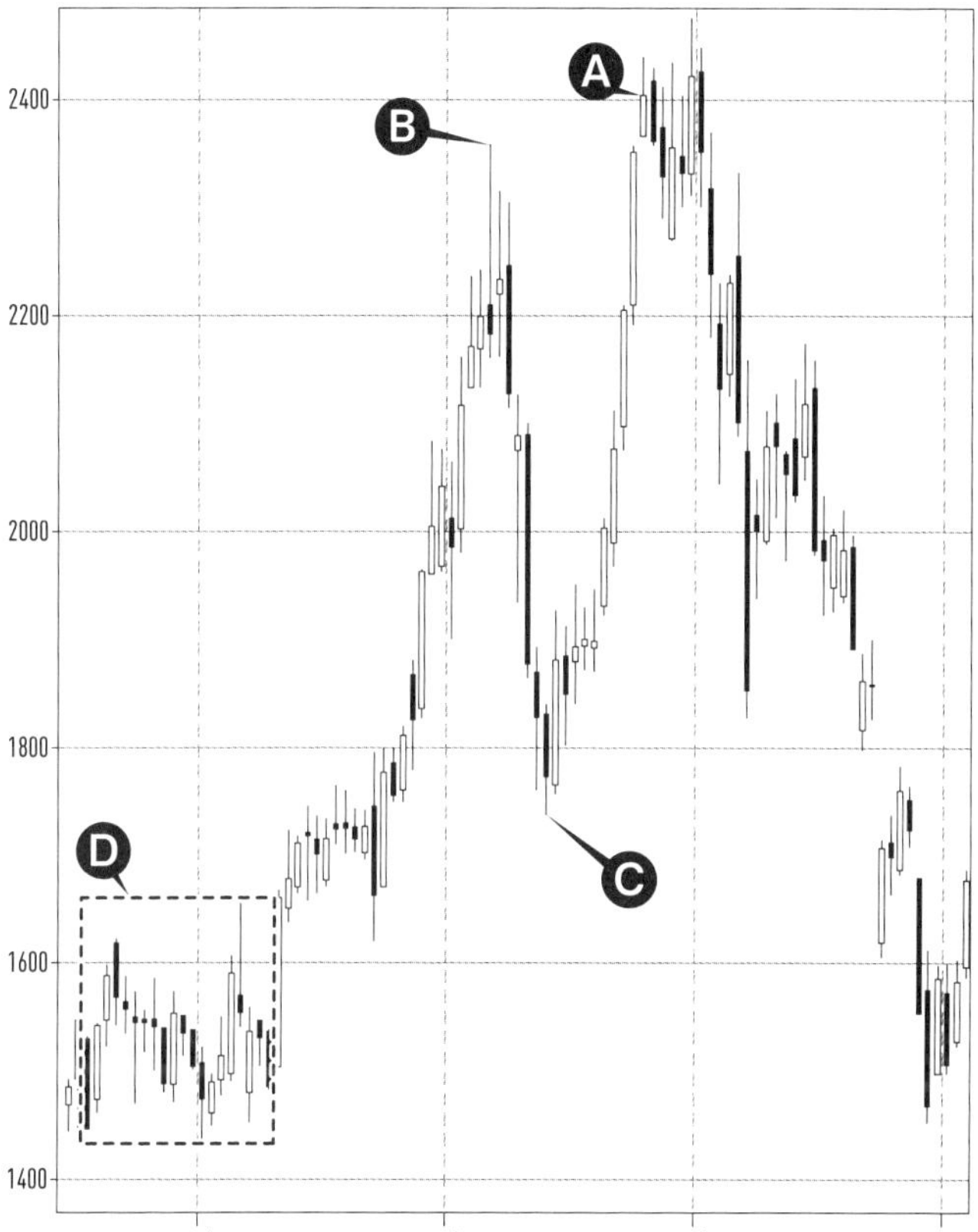

Aから左に見ていくと、BのところにAとは別な高値があります。BはAよりも低い位置にあります。

この場合、「上昇しはじめる前の株価水準」は、Bの後にできた安値であるCではありません。たしかに、Cから上昇してAができたのですが、Cは基準にしません。Aから左に見ていき、CもBも通り越し、さらに下がっていきます。そして、坂の一番下であるDのあたりが「上昇しはじめる前の株価水準」になります。

つまり、Aの位置が高いか、高くないかを見極めるには、Dのあたりを基準にして判断するわけです。

「上昇しはじめる前の株価」を特定する練習が必要

「基準はわかったが、高いか高くないかは感覚的なものなので、人によって判断がことなるのではないのか」

そう思った人もいることでしょう。たしかに、感覚的なものなので、人によって判断がことなるはずです。

たとえば、Aの位置が高いか、高くないかを見極めるとします。ある人は「高い」

と判断しましたが、別な人は「高くない」と判断しました。このように、同じ基準で見極めても、判断がことなることがあるわけです。

断言できない場合、自信がない場合、わからない場合は、無理に答えを出さなくてもよいでしょう。あなたが「よくわからない」ということは、他の人の多くも「よくわからない」と思っているはず。そのような銘柄をあえて投資やトレードの対象にしなくていいのです。株式市場には多くの銘柄があります。「はっきりとわかる」という銘柄だけを投資やトレードの対象にすればいいわけです。

著者はデイトレードで8割以上の勝率を維持していますが、すべての銘柄の動きやリスクが読めるわけではありません。むしろ、読めないのがほとんど。しかし、読めるのがいくつかあるわけです。それらの銘柄を中心にトレードをし、高い勝率を叩き出しています。

「読めるのだけ、やればいい」という考えです。読者の皆さんも「はっきりとわかる」という銘柄だけを投資やトレードの対象にすればいいわけです。

ちなみに、高いか高くないかの見極めは練習を積むことで精度が高くなります。数多くのチャートを見て、高いか高くないかの見極めを繰り返しましょう。

7 1日目まとめ 株式投資や株トレードで儲けやすい条件

ここまでの内容をまとめます。

株式投資・株トレードで儲けたければ、損をしたくなければ、以下の条件に限定することです。

上昇傾向（上昇トレンド）の相場

株価の位置が高くない

スイングトレードや短・中期投資では、「相場全体が上昇傾向のとき、株価が上昇傾向で、位置が高くない銘柄を買う」という条件に限定してトレード・投資をしていれば、儲けられる確率が高く、損する確率が低いといえます。

デイトレードの場合は、「株価が上昇傾向で、位置が高くない銘柄を買う」という条件に限定してトレード・投資をしていれば、儲けられる確率が高く、損する確率が低いといえます。

本書では、この条件に沿ったトレード手法を紹介していきます。

株式投資や株トレードで損をしないために

株式投資や株トレードで
損をしたくなければ

上昇傾向（上昇トレンド）の相場

株価の位置が高くない

この条件に該当するときに限定して
株式投資や株トレードをすること

この条件に該当しないときは、
株式投資や株トレードをしない

POINT 「上昇傾向の相場」「株価の位置が高くない」という条件に該当するときに限定して株式投資や株トレードをする

2日目

株価が下がりやすい状況を知る

1 株価が下がりやすい状況を知るだけで損をする確率がかなり低くなる

株式投資や株トレードで損をしている人の売買を見ると、「なぜ、そのような危険な（リスクが大きな）状況で株を買うのか」と思うようなときがよくあります。

もちろん、そのような状況で株を買っても、必ず損をするというわけではありません。利益を出せることもあります。

しかし、株式投資や株トレードでコンスタントに利益を出せるスキルがない人は、そのような状況で株を買うべきではありません。いつかは大きな損失を出す確率が高いからです。

著者は17年以上、株トレードで生計を立てているのですが、常々、思うことがあります。それは、この世界（相場）で生き残るコツです。

相場で生き残るには、大損しないこと

これが大切です。「大儲けすること」ではなく、「大損しないこと」です。「損」のほうを主体に考えること。

しかし、ほとんどの人は、そのことに気づいていていません。「儲け」のほうばかりを考えています。

株の買い方の話をしても、ほとんどの人は、「儲かる買い方を教えてください」といいます。

誰一人として、「損しない買い方を教えてください」といいません。

本書の読者は、まず、「大損しないこと」を考えてください。「儲けること」はその後です。

まずは、「(株価の) 下がる可能性が高い状況」「急落する可能性が高い状況」「大きく下落する可能性が高い状況」を学びましょう。

「絶対に下がる」「絶対に急落する」「絶対に大きく下落する」というわけではないので、勘違いしないでください。

「その可能性が高い」ということです。株を買う場合、損をする確率が高いといえます。言い換えれば、「リスクが大きい状況」になります。

これらの状況を知り、投資やトレードをしなければ、損をする確率がかなり低くなるはずです。

2 株価が高い位置で大陰線が出ると下落しやすい

株価の位置が高いところで大陰線が出ると、下落しやすくなります。

大陰線とは、始値から終値までの実体部分が極端に長い陰線のこと。

これは、株価が大きく押し下げられたことを意味します。売り圧力が強かったわけです。

株価が高い位置で出るほど下がりやすい。こういった習性があります。とくに、高い位置で急騰後に出るほど下がりやすくなります。

実際のチャートで見てみましょう。次ページのチャートは、パラマウントベッドホールディングス（東証1部7817）の週足です。

かなり高い位置で、極端に長い陰線が出ています。大陰線です。

「株価が高い位置」と「大陰線」、下落しやすい条件が揃いました。

この後、株価が急落しました。

このように、高い位置で大陰線が出ると下落しやすいので注意してください。

高い位置での大陰線に注意

パラマウントベッドホールディングス（東証1部7817）週足

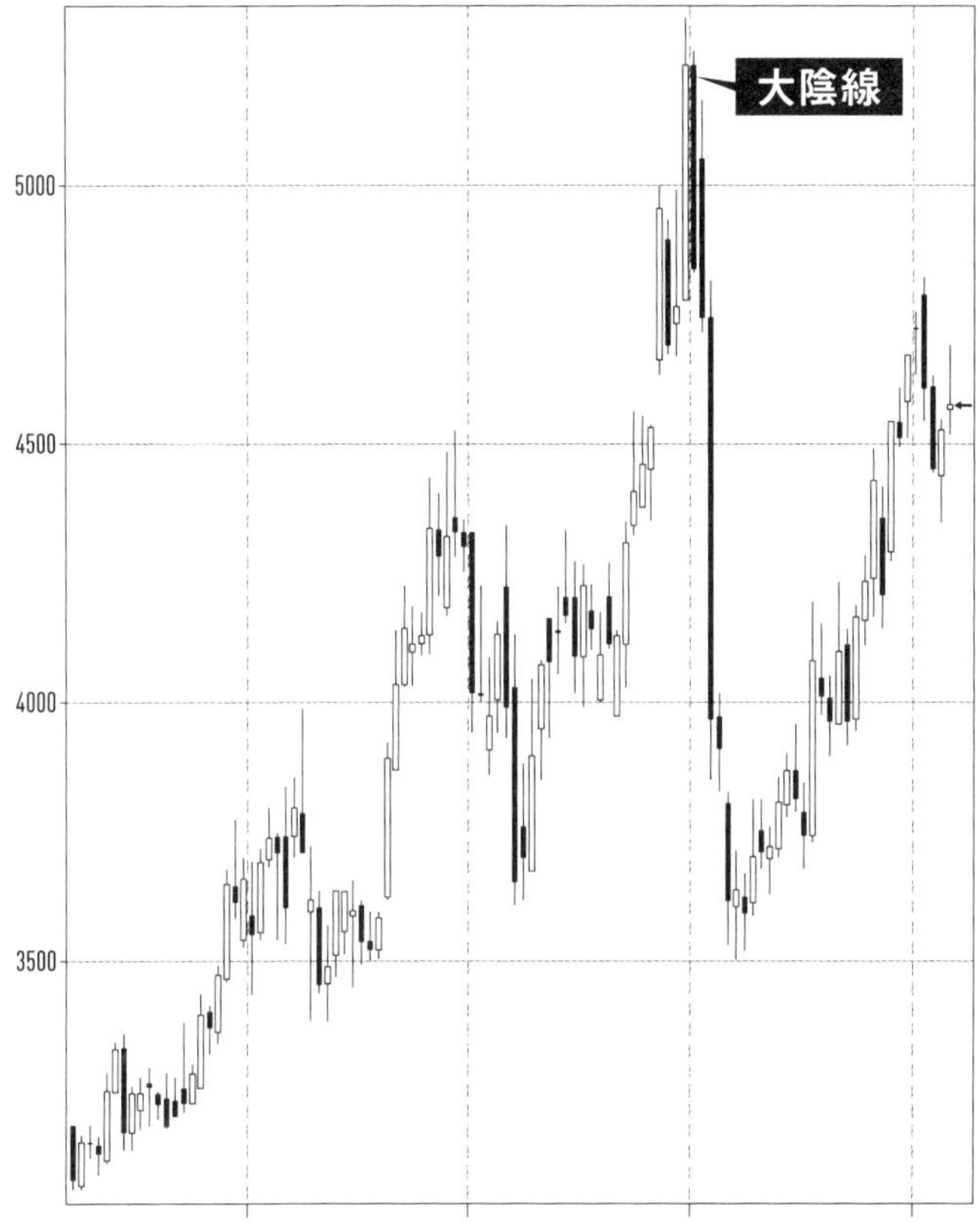

3 株価が高い位置で長い上ヒゲの陰線が出ると下落しやすい

株価の位置が高いところで長い上ヒゲの陰線が出るとリスクが大きくなり、下落しやすくなります。上ヒゲとは、終値または始値から高値までの部分のこと。ローソク足では線で表します。これは、株価が高値まで上昇したが押し下げられたことを意味します。売り圧力が強かったわけです。株価が高い位置で出るほど下がりやすい。上ヒゲが長いほど下がりやすい。実体部分（始値から終値までの部分）に比べて上ヒゲが長いほど下がりやすい。こういった習性があります。

とくに、急騰後に出るほど下がりやすくなります。実際のチャートで見てみましょう。次ページのチャートは、ソフトブレーン（東証1部4779）の週足です。

Aのところを見てください。大陽線（48ページ参照）が出ています。1週間で100円台後半から400円台まで急騰。その後、長い上ヒゲの陰線が出ました。大陽線の翌週、858円まで急騰しましたが、500円近辺まで押し下げられました。

このように、長い上ヒゲの陰線が出た後は下落しやすいので注意してください。

高い位置での長い上ヒゲに注意

ソフトブレーン（東証1部4779）週足

4 株価が高い位置で長めの陽線が出ると下落しやすい

株価が高い位置で急騰すると、下落しやすくなります。

急騰を表すローソク足の並びはいくつかありますが、もっともわかりやすいのは「長めの陽線」です。始値と終値の間が長い陽線です。始値から大きく上昇して終値になったことを表すので、急騰したことがはっきりとわかります。

長めの陽線は株価が高い位置で出るほど下がりやすい。こういった習性があります。高値警戒感で買われにくくなるので、下落しやすくなります。

実際のチャートで見てみましょう。次ページのチャートは、ネクシィーズグループ（東証1部4346）の週足です。かなり高い位置で長めの陽線が出ました。この1本のローソク足で約500円分なので、かなり急騰したのがわかります。株価が高い位置での急騰で、下落しやすい条件が揃いました。この後、大陰線で暴落しました。

このように、高い位置で長めの陽線が出ると下落しやすいので注意してください。

株価が高い位置での急騰はリスク大

ネクシィーズグループ（東証1部4346）週足

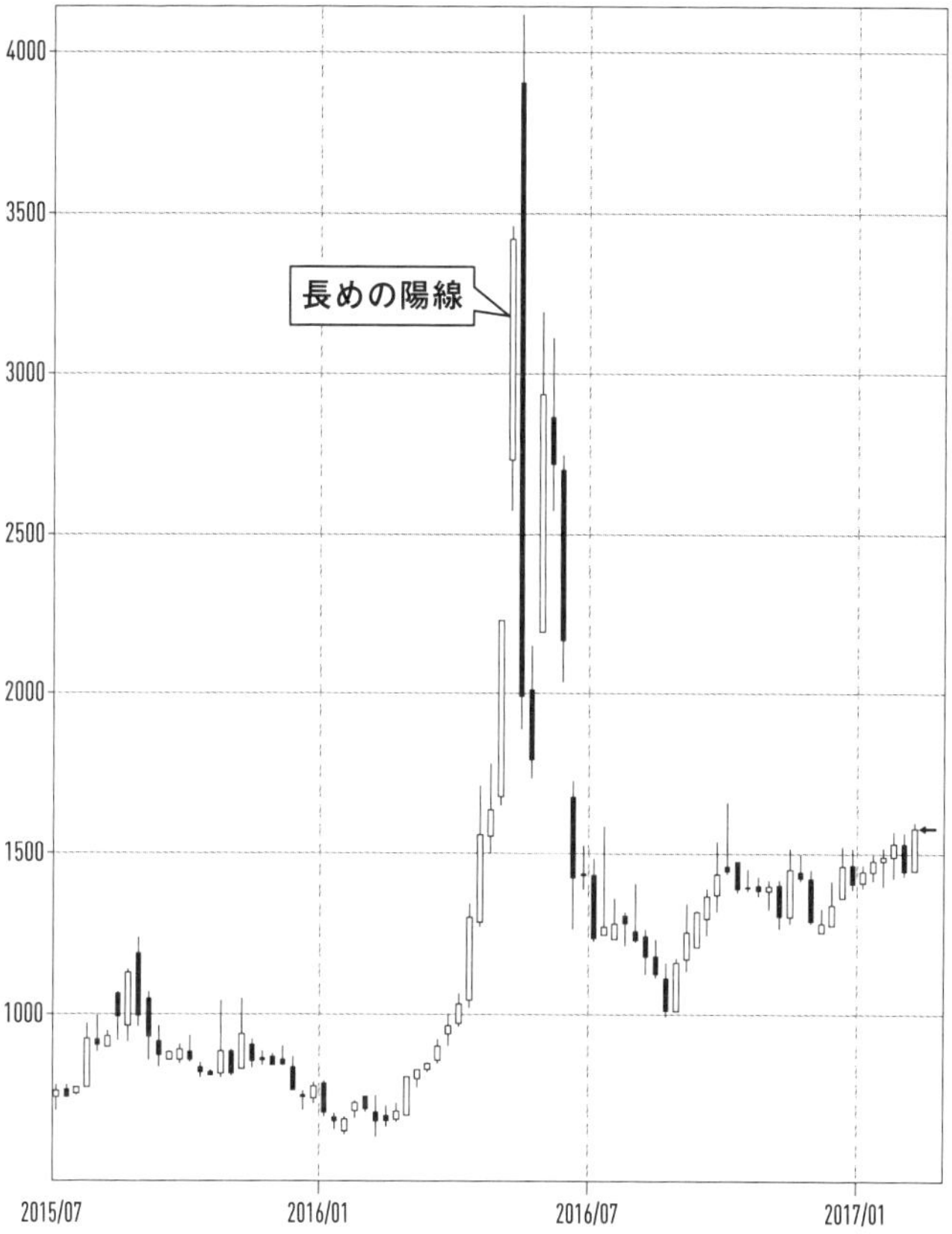

5 直近で連続ストップ高した銘柄は急落する確率が高い

直近で連続ストップ高した銘柄も、急落する確率が高いです。

ストップ高とは、取引当日の上限まで値上がりした状態のこと。

株価は、1日における上下の値幅制限が設けられています。その上下限は前日の終値によって決まります。

たとえば、前日の終値が300円の銘柄であれば、上下限は80円。大きく上がったとしても380円まで、大きく下がったとしても220円までです。これ以上は上がりませんし、下がりません。

そして、値幅制限いっぱいまで上昇し、売り注文に対して買い注文が極端に多くて取引が成立しない状態をストップ高といいます。ちなみに、値幅制限いっぱいまで下落し、買い注文に対して売り注文が極端に多くて取引が成立しない状態をストップ安といいます。

ストップ高したということは、急騰したということであり、株価が急落しやすくなります。とくに、連続でストップ高した場合は、急落する確率がかなり高くなるので注意が必要です。

一つ例を見ておきましょう。53ページのチャートは、黒田精工（東証２部７７２６）の日足です。

株価が１００円台から７００円台まで急騰しています。

日付	終値	前日比
２０１６年11月29日	１５６円	
２０１６年11月30日	２０６円	50円高
２０１６年12月１日	２８６円	80円高
２０１６年12月２日	３６６円	80円高
２０１６年12月５日	４４６円	80円高
２０１６年12月６日	６０６円	１６０円高
２０１６年12月７日	７０６円	１００円高

土、日曜日をはさんでいますが、６日連続でストップ高しました。１５６円だった株価は、６営業日で７０６円まで上昇。約４・５倍になったわけです。

急落する確率がかなり高くなった状態です。

多くの投資家・トレーダーは、「上がり過ぎ」と思ったことでしょう。ここから上値で買いたいという人は少なくなったはず。

２０１６年12月８日は、前日比１２５円安の５８１円で寄り付き。12月７日に７０６円で買った人は、いきなり１２５円分の損失が発生したことになります。たった１０００株買っただけで、12万５０００円の損失です。

この例のように６日連続でストップ高することはあまりありませんが、２、３日連続でストップ高することはよくあります。

１日ストップ高しただけで、急落する確率は高くなります。それが連続となれば、急落する確率はかなり高くなるといえます。

「ストップ高狙い」という手法

ストップ高の銘柄をうまく買うことができれば、翌日、大きく上昇して寄り付くことがあります（ストップ高の状況では売り注文に対して買い注文が極端に多いので、なかなか買えませんが）。

連続ストップ高の後は急落しやすい

黒田精工（東証2部7726）日足

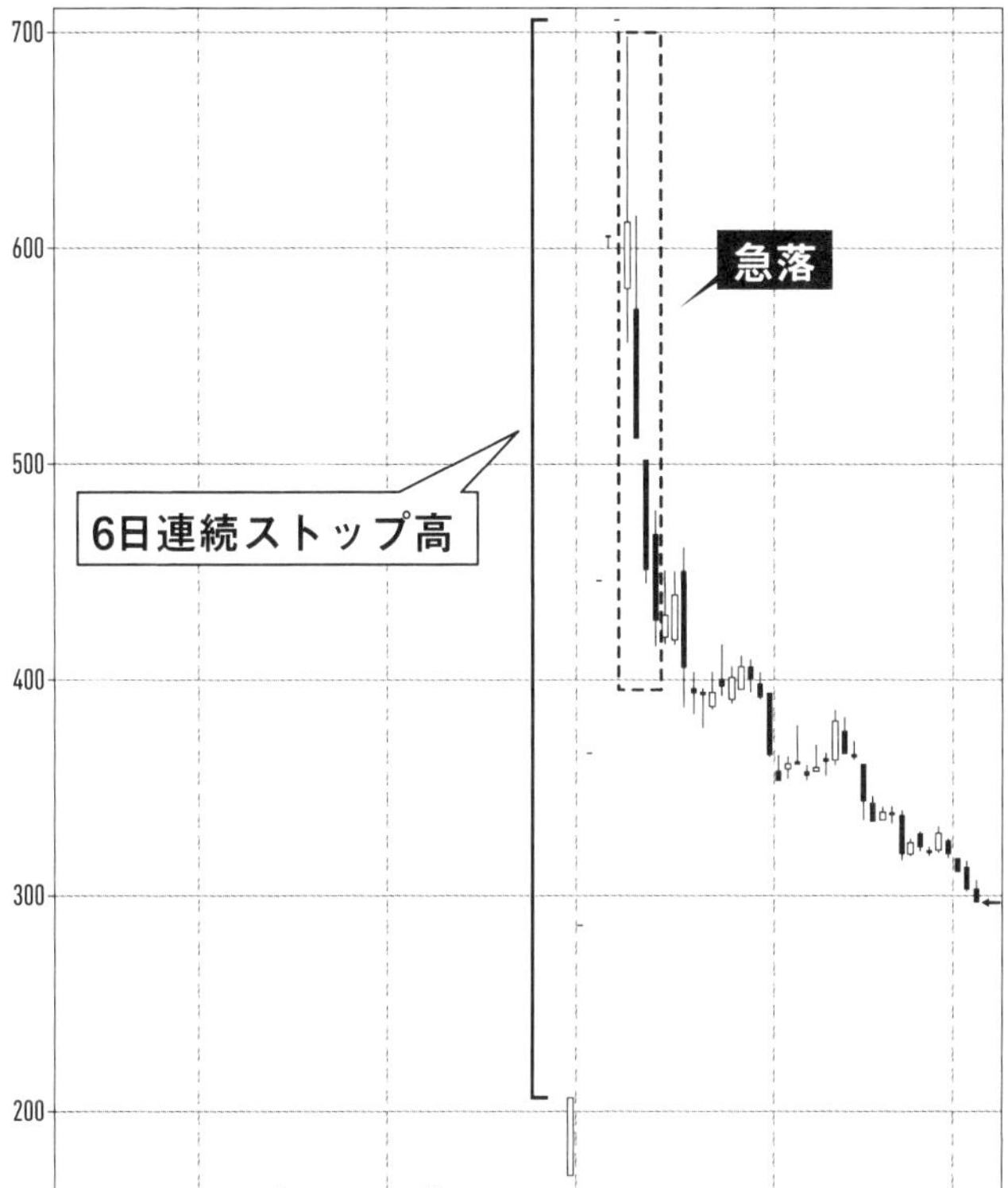

この「翌日以降の上昇」を狙った、「ストップ高狙い」という手法があります。証券会社への注文の出し方などを工夫して、ストップ高の銘柄が買える確率を高くします。

そして、買った翌日の寄り付きでの値上がりを狙います。うまくいけば、黒田精工のように数日間、ストップ高することがあるので、短期間で大きな利益を得ることができます。

10年以上前の話ですが、著者もストップ高狙いでかなりの利益を得ました。当時は、ストップ高の銘柄を見つけて買い注文を出せば、買える確率が高い状況でした。それこそ、簡単に利益を得ることができました。

こういった手法があるので、一概に「ストップ高の銘柄は買わないほうがいい」とはいえないのですが、やはり、急落する確率が高いので、損をしたくない人は買わないほうがいいでしょう。

3日目

週足チャートを使ったスイングトレード

1 トレンドに乗っかって利益を出すスイングトレード

3日目は、週足チャートを使ったスイングトレードの手法について説明します。

紹介する手法は簡単にいうと、「相場全体が上昇トレンドのときに、上昇トレンドの銘柄を買うトレード」です。トレンドに乗っかって利益を出そうという考えです。

株トレードには、「順張り」と「逆張り」というのがありますが、この手法は順張りです。

順張り……株価の動きと同じ方向に仕掛けること。買いであれば、株価が上昇しているときに買う

逆張り……株価の動きと逆の方向に仕掛けること。買いであれば、株価が下落しているときに買う

株価が高値圏になければ、（買いでは）順張りのほうがリスクは低くなります。

相場全体が急落したり、個別銘柄に悪材料が出ないかぎり、急落する確率は低いといえます。

順張りと逆張りの違い

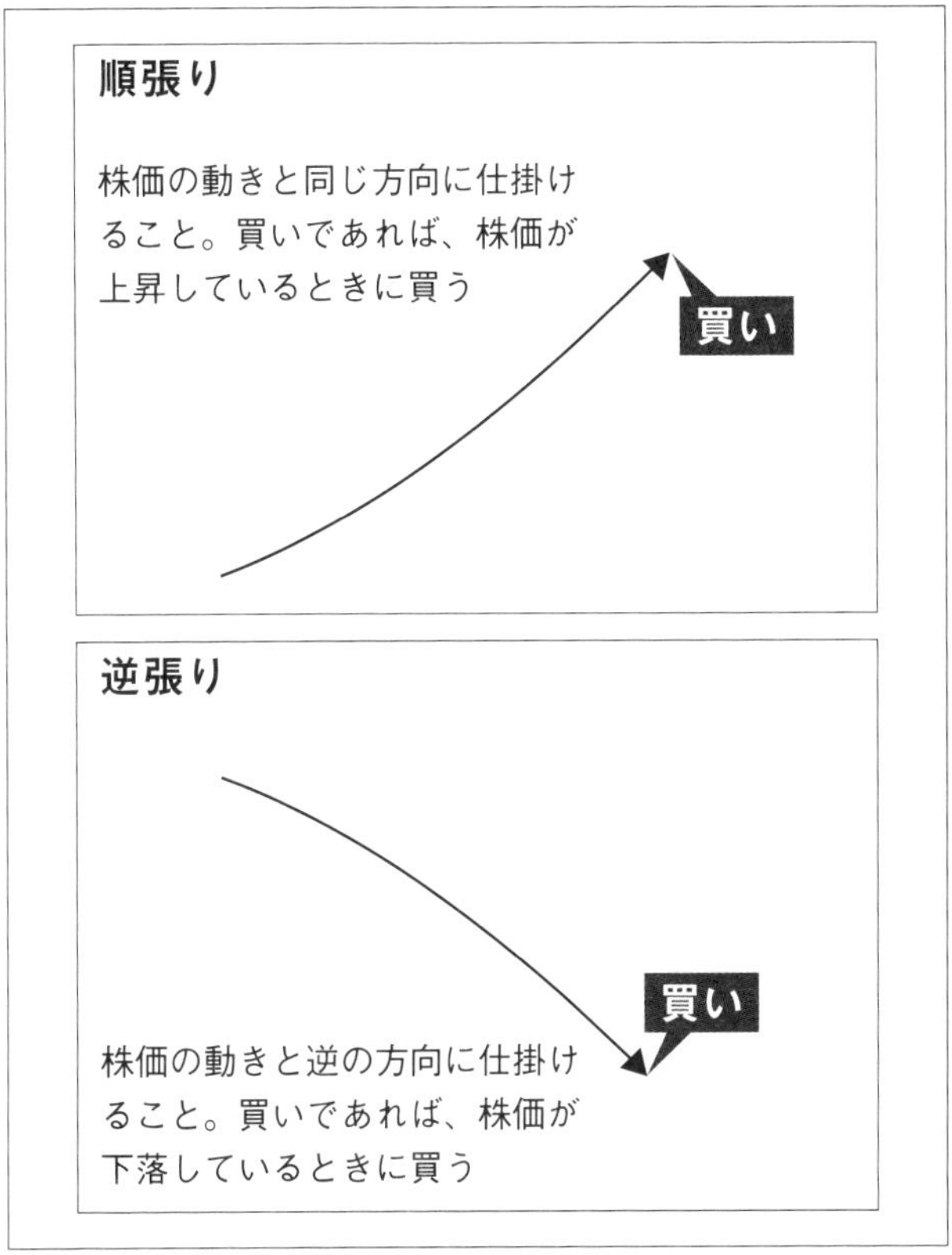
順張り
株価の動きと同じ方向に仕掛けること。買いであれば、株価が上昇しているときに買う
買い
逆張り
買い
株価の動きと逆の方向に仕掛けること。買いであれば、株価が下落しているときに買う

POINT 順張りと逆張りの違いを理解しておく。トレードでは順張りのほうがやや有利

2 週足チャートでよく使われる移動平均線

この手法では移動平均線を使います。

週足チャートでよく使われるのは以下の期間の移動平均線です。

- **13週移動平均線……13週間、毎週の終値の平均値をつなげた線**
- **26週移動平均線……26週間、毎週の終値の平均値をつなげた線**
- **52週移動平均線……52週間、毎週の終値の平均値をつなげた線**

もっともよく使われるのは13週移動平均線。次いで26週移動平均線、52週移動平均線です。

52週移動平均線については、使っていない人も多いため、証券会社によってはチャートに表示していないこともあります。

著者はこれら3本の移動平均線すべてを使っています。

では、移動平均線を見る場合、どこに注目すればよいのでしょうか。

もちろん、株価と移動平均線との位置関係も重視しなければなりません。

週足チャートで使う移動平均線

日経平均株価 週足チャート

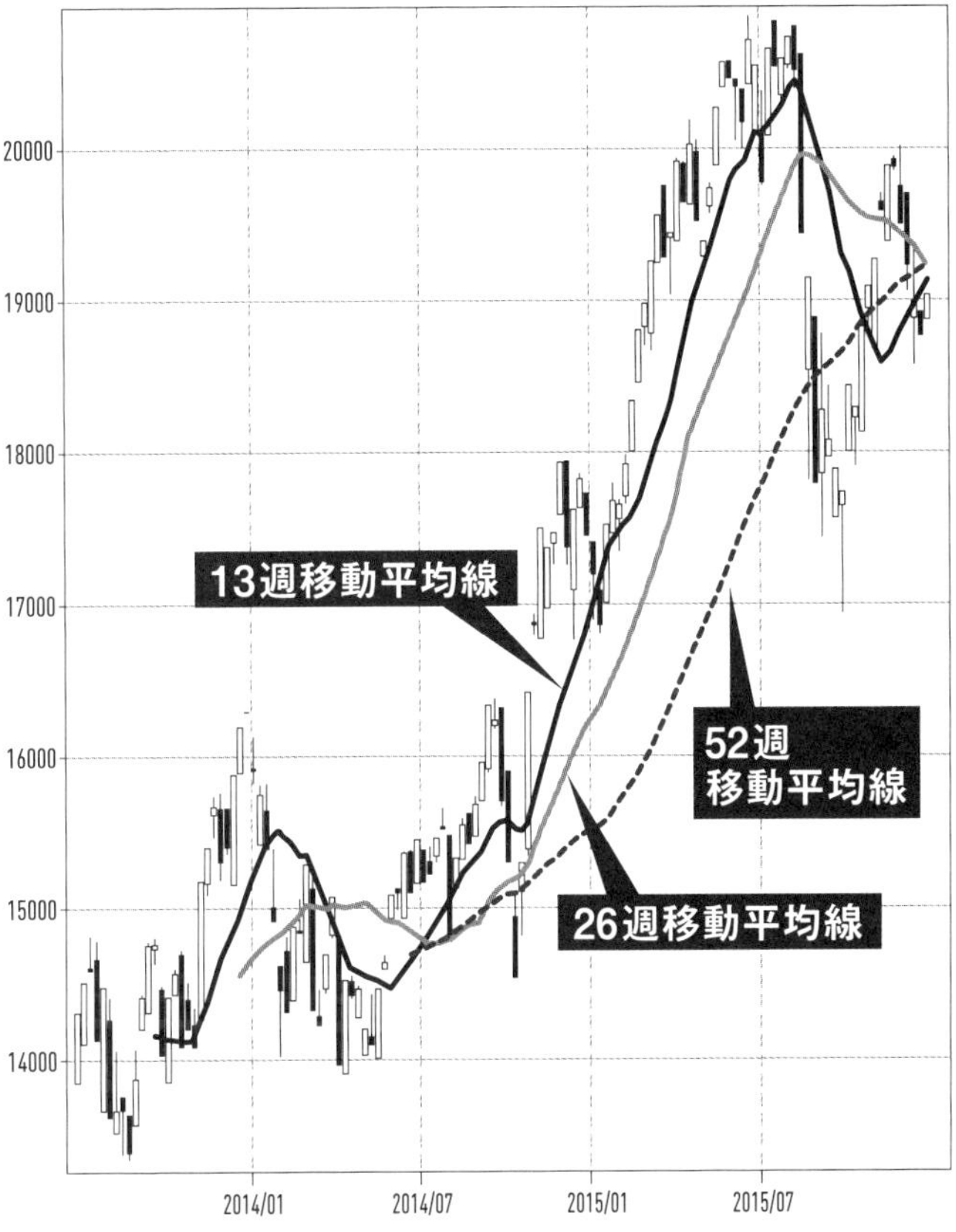

そのほか、著者の場合は、３本の状態に注目しています。具体的には、「向き」「並び」「間隔」です。

- **向き……それぞれの移動平均線がどの向きになっているか。上向きか、下向きか、横向きか**
- **並び……３本の移動平均線の並び順はどうなっているか**
- **間隔……３本の移動平均線はどのくらいの間隔で推移しているか。間隔があるのか、ないのか**
- **株価と移動平均線の位置関係……株価が移動平均線の上にあるのか、下にあるのか**

これらを見ることで、現在の株価の状況がわかります。

移動平均線を見る場合、まずはそれぞれの移動平均線の向きに注目します。上向きか、下向きか、横向きかを見極めます。上向きであれば「株価は上昇傾向にある」、下向きであれば「株価は下降傾向にある」、横向きであれば「株価は上昇傾向、下降傾向のどちらでもない」と捉えることができます（必ずしもそうではありませんが）。

次に、３本の移動平均線の並び順に注目します。どの順番に並んでいるかを見るわけです。上から13週、26週、52週の順番で並んでいれば「株価は上昇傾向にある確率が高い」といえます。逆に、上から52週、26週、13週の順番で並んでいれば「株価は下降傾向にある確率が高い」といえます。これ以外の並び順であれば、「株価は上昇傾向、下降傾向のどちらでもない」または「トレンドの始まり」と考えられます。

次に、3本の移動平均線の間隔に注目します。一定の間隔を保って推移しているほど、トレンドが安定していると捉えることができます。

最後に、株価と移動平均線の位置関係に注目します。株価が3本の移動平均線の上にあれば「株価は上昇傾向にある確率が高い」といえます。逆に、株価が3本の移動平均線の下にあれば「株価は下降傾向にある確率が高い」といえます。

わかりやすくまとめると、上昇トレンドである確率が高いのは以下の状況です。

- **向き……3本の移動平均線がすべて上向きになっている**
- **並び……移動平均線の並び順が上から13週、26週、52週になっている**
- **間隔……3本の移動平均線が間隔を保って推移している**
- **株価と移動平均線の位置関係……株価（終値）がすべての移動平均線の上にある**

このようなときだけ株を買います。

3 相場全体のトレンドを見極める方法

個別銘柄の週足チャートを見て、上昇トレンドになっている銘柄を見つけ、株を買います。しかし、それだけでは不十分。もう少しリスクがない状態を見極めて、株を買う必要があります。相場全体が上昇トレンドのときに限定しましょう。相場全体が上昇トレンドのときは、多くの銘柄が上昇しやすくなっています。投資家やトレーダーが強気なので、上値で買ったり、持ち株を売らずにいるため、株価が上がりやすいのです。そういったときに株を買うと、利益を得られる確率がぐっと高くなります。

相場全体の傾向を極める方法はいくつかあるのですが、著者は日経平均株価の動きで見極めています。

「相場全体のトレンド」＝「日経平均株価のトレンド」

とはいい切れないのですが、「概ね合っている」といってよいでしょう。

トレンドの見極め方は61ページで紹介したやり方です。日経平均株価の週足チャートを見て、条件に該当したら上昇トレンドだと判断します。

相場全体のトレンド＝日経平均株価のトレンド

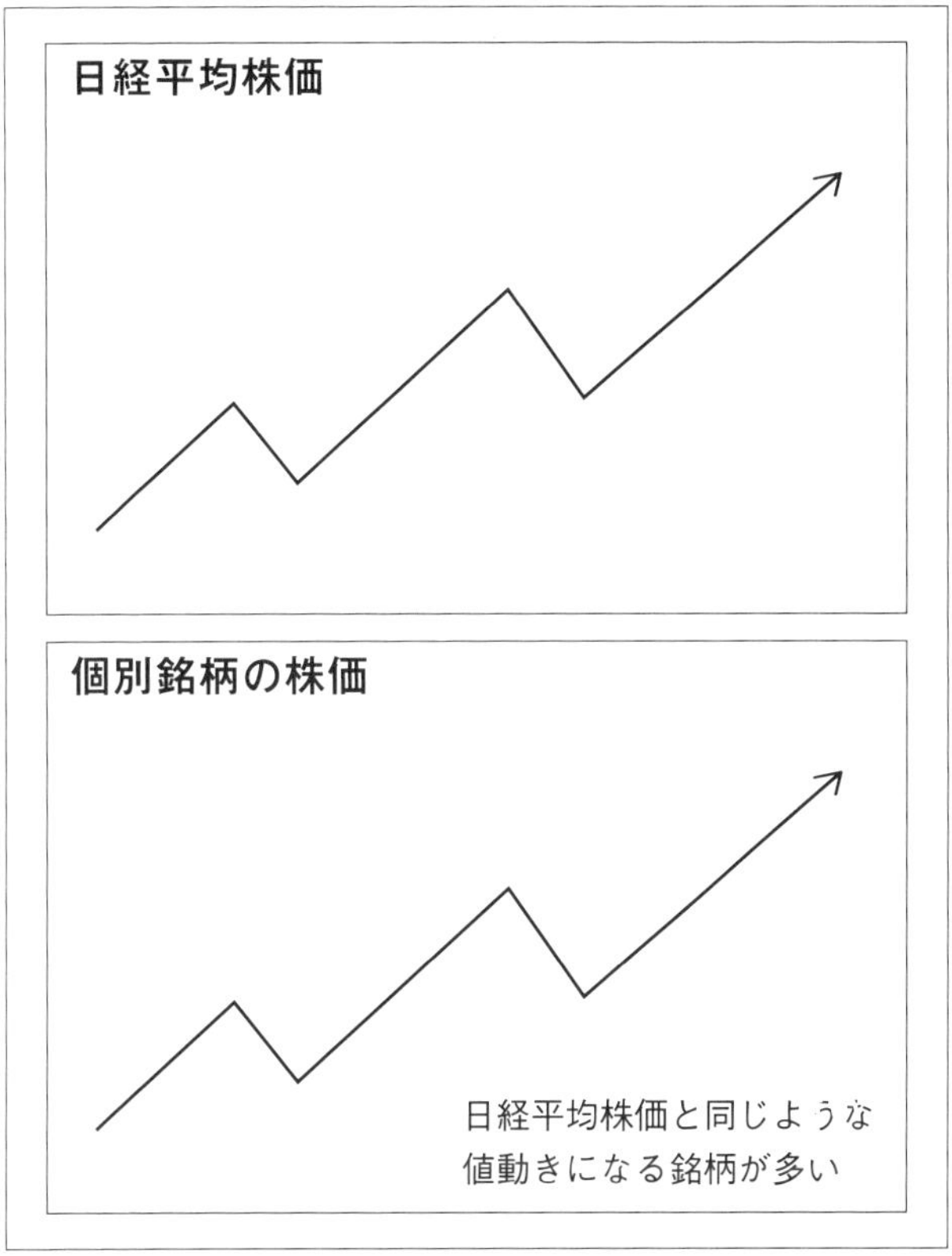
日経平均株価
個別銘柄の株価
日経平均株価と同じような
値動きになる銘柄が多い

POINT 「相場全体のトレンド」＝「日経平均株価のトレンド」と捉えてよい

4 日経平均株価の上昇トレンドを見極める

では、実際のチャートで上昇トレンドの条件に該当しているところを見ていきます。

次ページのチャートは、日経平均株価の週足です。

Aのところ（２０１５年1月第３週）を見てください。

まずは、（移動平均線の）向きを確認してみましょう。３本の移動平均線はすべて上向きになっています。

次に、並びを確認してみましょう。並びは上から13週、26週、52週になっています。

次に、間隔を確認してみましょう。３本の移動平均線は間隔を保って推移しています。

最後に、株価と移動平均線の位置関係を確認してみましょう。株価（終値）はすべての移動平均線の上にあります。

よって、ここから終値が移動平均を割り込むまでは「上昇傾向にある」と捉えてよいでしょう。具体的には、Bのところまでです。

週足チャートで上昇傾向を見極める

日経平均株価 週足チャート

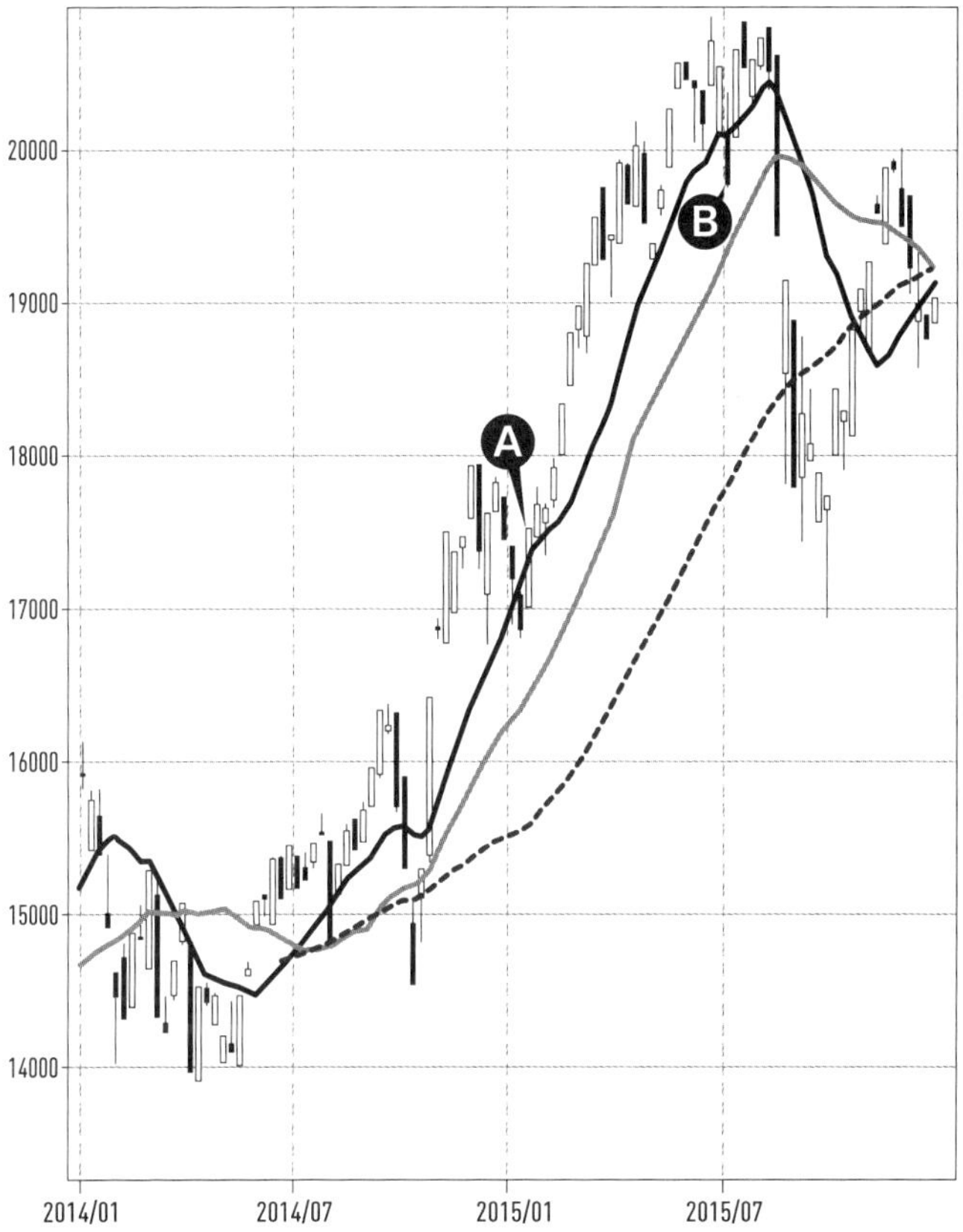

5 週足チャートを使った具体的なスイングトレード手法

では、週足チャートを使ったスイングトレードの手法について具体的に説明します。

以下のステップに従って進めます。

ステップ1……日経平均株価の移動平均線3本が上昇トレンドの条件をクリアしているか確認する。クリアしていれば、ステップ2へ

ステップ2……移動平均線3本が上昇トレンドの条件をクリアしている個別銘柄を見つける。見つけたら、ステップ3へ

ステップ3……個別銘柄の株価が高値圏にないかを週足チャートで確認する。高値圏にある銘柄は候補から除外し、ステップ4へ

ステップ4……個別銘柄の株価が押した後、13週線近辺で反発して直近の高値を上抜いたら買いの準備をする。ステップ5へ

ステップ5……個別銘柄の終値が直近の高値よりも上で確定しそうなら、終値で買う。または、翌週の始値で買う

週足チャートを使ったスイングトレード手法の手順

ステップ1　日経平均株価の移動平均線３本が上昇トレンドの条件をクリアしているか確認する。クリアしていれば、ステップ２へ

↓

ステップ2　移動平均線３本が上昇トレンドの条件をクリアしている個別銘柄を見つける。見つけたら、ステップ３へ

↓

ステップ3　個別銘柄の株価が高値圏にないかを週足チャートで確認する。高値圏にある銘柄は候補から除外し、ステップ４へ

↓

ステップ4　個別銘柄の株価が押した後、13週線近辺で反発して直近の高値を上抜いたら買いの準備をする。ステップ５へ

↓

ステップ5　個別銘柄の終値が直近の高値よりも上で確定しそうなら、終値で買う。または、翌週の始値で買う

6 【実例解説】住友化学（東証1部4005）

次ページのチャートは住友化学（東証1部4005）の週足です。

ステップ1……日経平均株価は2015年の第3週から移動平均線3本が上昇トレンドの条件をクリアしています

ステップ2……Aのところで、移動平均線3本が上昇トレンドの条件をクリアしています

ステップ3……株価はまだ高値圏ではありません

ステップ4……株価が押し、Bのところで13週線近辺で反発して、Cのところで直近の高値518円を上抜きました

ステップ5……Cのローソク足の終値543円か、翌週の始値542円で買います

Aのところを見ると、52週線の向きがはっきりしません。わずかに上向きです。このくらいでもじゅうぶんです。ほとんどの場合、直近の高値を抜いた時点では52週線の向きがはっきりと上向きになります。

【実例解説】住友化学

住友化学（東証1部4005）週足チャート

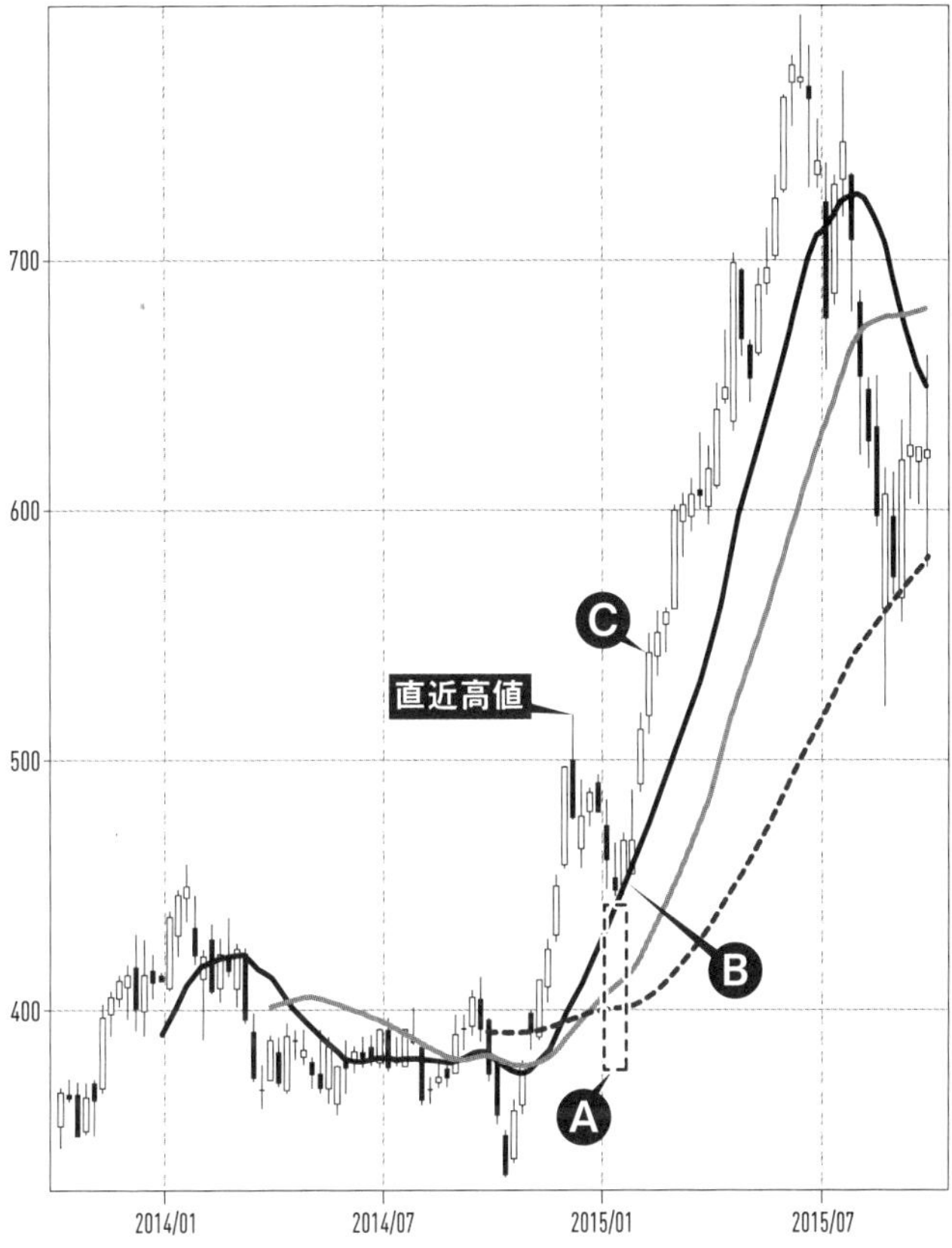

7 【実例解説】東京海上ホールディングス（東証1部8766）

次ページのチャートは東京海上ホールディングス（東証1部8766）の週足です。

ステップ1……日経平均株価は2015年の第3週から移動平均線3本が上昇トレンドの条件をクリアしています

ステップ2……Aで、移動平均線3本が上昇トレンドの条件をクリアしています

ステップ3……株価はまだ高値圏ではありません

ステップ4……株価が押し、Bのところで13週線近辺で反発して、Cのところで直近の高値4100円を上抜きました

ステップ5……Cのローソク足の終値4140円、または、翌週の始値4065円で買います

Bのところを見ると、安値が13週線を割り込んでいます。しかし、割り込んだのは少しだけであり、また、すぐに反発しているので、13週線を意識した動きと捉えてよいでしょう。このくらいの割り込みであれば問題ありません。

【実例解説】東京海上ホールディングス

東京海上ホールディングス（東証1部8766）週足チャート

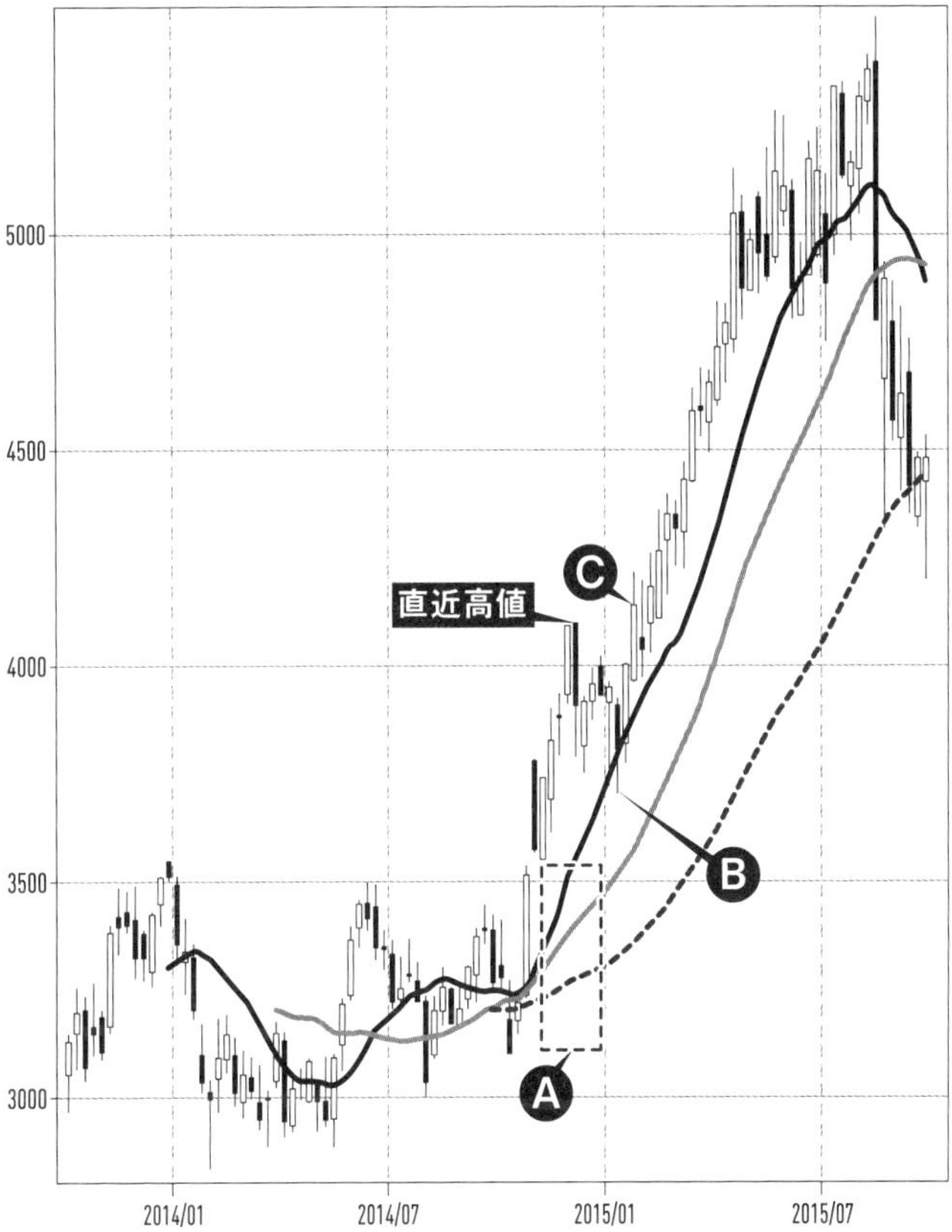

8 銘柄を絞り込んで勝率を上げる

日経平均株価が上昇トレンドのとき、上場されている銘柄を見ていくと、条件に該当する銘柄はたくさん見つかります。その中から、以下の条件で絞り込むと、さらに勝率が高くなります。

1. 日経平均株価と同じような動きをしている

先にも述べたとおり、「日経平均株価の動き」＝「相場全体の動き」ではありません。ですから、日経平均株価とはまったく違う動きをする銘柄も多数あります。

ここで紹介している手法は、日経平均株価の動きに合わせて株を買っていくやり方なので、なるべく同じようなリズムで動いている銘柄のほうが勝率は高くなります。

2. なるべく東証1部の銘柄

著者の場合、どの市場の銘柄でも関係なくトレードしています。東証1部の銘柄でも、東証2部の銘柄でも、新興市場の銘柄でも、利益が出ると思えば上場されている市場に関係なくトレードするわけです。

しかし、この手法にかぎってはなるべく東証1部の銘柄にしています。日経平均株価に採用されている225銘柄が東証1部の銘柄で構成されているため、東証1部の銘柄のほうが同じ動きになりやすいからです。

3．なるべく好業績の銘柄

著者の場合、デイトレードでは企業の業績を気にすることはないのですが、スイングトレードや短期売買では少し気にします。

やはり、最低でも数日間は持ち越すわけですから、少しでも業績がよい銘柄でリスクを抑えましょう。

また、好業績の銘柄は相場がよいときに買われやすいので、結果として株価が上昇しやすくなります。

4．あまり上昇していない銘柄

なるべく「上値の余地」が大きそうな銘柄を選びましょう。あまり上昇していない銘柄ということです。もちろん、ある程度、上昇していてもそこからさらに上昇することはあるのですが、それよりもこれから大きく上昇しそうな銘柄に期待します。

9 上昇トレンド銘柄の探し方

ステップ2～4に該当する銘柄をどのようにして見つければよいのでしょうか。

初心者の方は探し方がわからないと思いますので、ここで紹介しておきましょう。

お金をかけないのであれば、証券会社の無料情報を利用するとよいでしょう。証券会社に口座を開設していれば、株価情報を無料で見ることができます。チャートも無料で見られることが多いので、それを利用します。

ただし、週足チャートに52週の移動平均線を掲載できるのが条件です。13週と26週の移動平均線は掲載されていることが多いのですが、52週の移動平均線は掲載されていないことも多いようです。

そこで著者は、少しコストがかかってしまうのですが、週足チャートの週刊誌を使って探しています。『週刊ゴールデンチャート全銘柄週足集（株式会社ゴールデンチャート社発行）』。２０１７年3月現在、１６７４円（税込）です。

これなら、13週、26週、52週の移動平均線が掲載されています。また、市場の全銘柄のチャートが掲載されているので、くまなく探すことができます（東証2部や新興市場の銘柄のチャートはかなり小さいですが）。

週末に刊行されるので、日曜日に目を通すことが多いです。チャートが掲載されているのは800ページ以上あるので、リズムよくページを捲りながら見ていかないと、かなり時間がかかってしまいます。

そして、条件に該当している銘柄や条件に該当しそうな銘柄のページには付箋をはっていきます。該当している銘柄と該当しそうな銘柄は付箋の色を分けています。

全銘柄のチャートを見るのにかける時間は約3時間。相場の動きが激しいときはもっと時間をかけて見たいのですが、日足チャート集にも目を通さなければならないので、このくらいの時間で見るようにしています。

上昇トレンド銘柄の探し方としては、この方法がもっとも探しやすいと思います。

「まだ株で儲かっていないので、毎週、1674円を出すのはきびしい」

という方もいるでしょう。たしかに、株で利益が出ていないのに毎週のようにコストをかけるのはきついと思います。普段は月に1回だけ購入すればいいでしょう。日経平均株価が上昇トレンドになりそうなときは、毎週購入したほうがいいと思います。

10 株の投資やトレードでは待つことが大切

「上昇トレンドのときだけ株を買うのでは、トレードするタイミングが少ないのでは」

そう思った方も多いことでしょう。たしかに、買うタイミングは少ないといえます。

しかし、それは仕方がないことです。

初心者で損をしやすいのは、スキルもないのに頻繁にトレードしている人。とにかく、頻繁に売り買いをしなければ気がすまない、つねに株を持っていないと気がすまない、という人です。

相場全体が上昇トレンドのときは、そのようなスタンスでも利益を出せるでしょう。しかし、相場全体が上昇トレンド以外のときは、そのようなスタンスだと損をする確率が高くなります。

株の投資やトレードでは、待つことが大切です。利益の出る確率が高いタイミングになるまで待つ。これができないと、株の投資やトレードで利益を出しつづけることは難しいでしょう。長年にわたって利益を出しつづけている人は、待つことができる人です。

著者も最近はトレード回数がかなり少ないです。デイトレードが中心なので、トレードのタイミングはそこそこあります。かつては、1日に何十回とトレードを繰り返していました。「利益が出そうだな」と思うタイミングはすべてトレードしていました。

しかし、最近は1日十数回がほとんど。多くても30回程度です。1年の何日かは1回もトレードしない日があります。朝からパソコンの前にはりついていても、トレードしません。トレードのタイミングはないこともないのですが、しません。

なぜ、このように減ったかというと、それは、利益の出る確率が高いタイミングだけに絞っているからです。利益の出る確率が高いタイミングをひたすら待ちます。そして、そのタイミングがきたときだけトレードします。

当然、勝率は高くなります。1カ月のうち、デイトレードで損をする日は1～3日です。そのほとんどは売買手数料分だけです。本当にトレードで（売買の差額で）損したな、という日は、1カ月に1日あるかないかです。

スイングトレードでも利益の出る確率が高いタイミングだけに絞ったほうがいいでしょう。

4日目

日足チャートを使ったスイングトレード

1 トレードのチャンスが多いスイングトレード手法

3日目で紹介したスイングトレードの手法は、かなり手堅いやり方です。慎重なタイプの方には向いているといえるでしょう。

しかし、一つ大きな問題があります。それは、「株を買うタイミングが極端に少ない」ということです。一年というスパンで見ても、買うタイミングはかなりかぎられてしまいます。

「そんなに待っていられない。早く資金運用したい」

という方も多いことでしょう。そう思うのは当然です。著者もそう思います。

そこで、この章では、もう少しトレード機会の多いスイングトレード手法を紹介します。

週足チャートではなく、日足チャートを使います。

ただ機会を増やしただけでは、勝率・利益率が悪くなってしまうので、やはり、「歩のいい状況」だけに限定してトレードをします。

歩のいい状況とは、「相場全体が上昇傾向にあるとき」です。このタイミングで株を買えば、損をする確率が低くなります。

そして、買う銘柄も「上昇傾向にある」ものを選びます。しかも、上昇の勢いがある銘柄に限定します。

日足チャートの設定

4日目で紹介するスイングトレードの手法でも、移動平均線を使います。日経平均株価の日足チャートと個別銘柄の日足チャートのどちらにも、以下の2本の移動平均線を表示させてください。

日経平均株価・個別銘柄の日足チャート……25日移動平均線と75日移動平均線を表示する

日足チャートの移動平均線では、25日移動平均線がもっともよく使われています。次いで、5日移動平均線、75日移動平均線、200日移動平均線の順で使われています。

この手法では、25日移動平均線と75日移動平均線を使います。

・25日移動平均線……25日間、毎日（毎取引日）の終値の平均値をつないだ線
・75日移動平均線……75日間、毎日（毎取引日）の終値の平均値をつないだ線

25日移動平均線は、ほとんどのチャートで表示できると思います。しかし、75日移動平均線のほうは、無料で見ることができるチャートで表示できないことがあるので注意してください。

まずは、取引口座を開設している証券会社の株価情報サービスで日足チャートのページを開き、75日移動平均線を表示できるかどうかを確認してください。

表示できない場合は、日足チャートに75日移動平均線を表示できる証券会社に口座を開設し、そちらを利用しましょう。

松井証券の無料ツール「ネットストック・ハイスピード」なら、75日移動平均線も表示できます。利用方法については、松井証券の公式サイトで確認してください。

ちなみに、著者の場合は、松井証券の「ネットストックトレーダー」や「ネットストックトレーダー・プレミアム」という有料ツールを使っています。

日足チャートの設定

日経平均株価 日足チャート

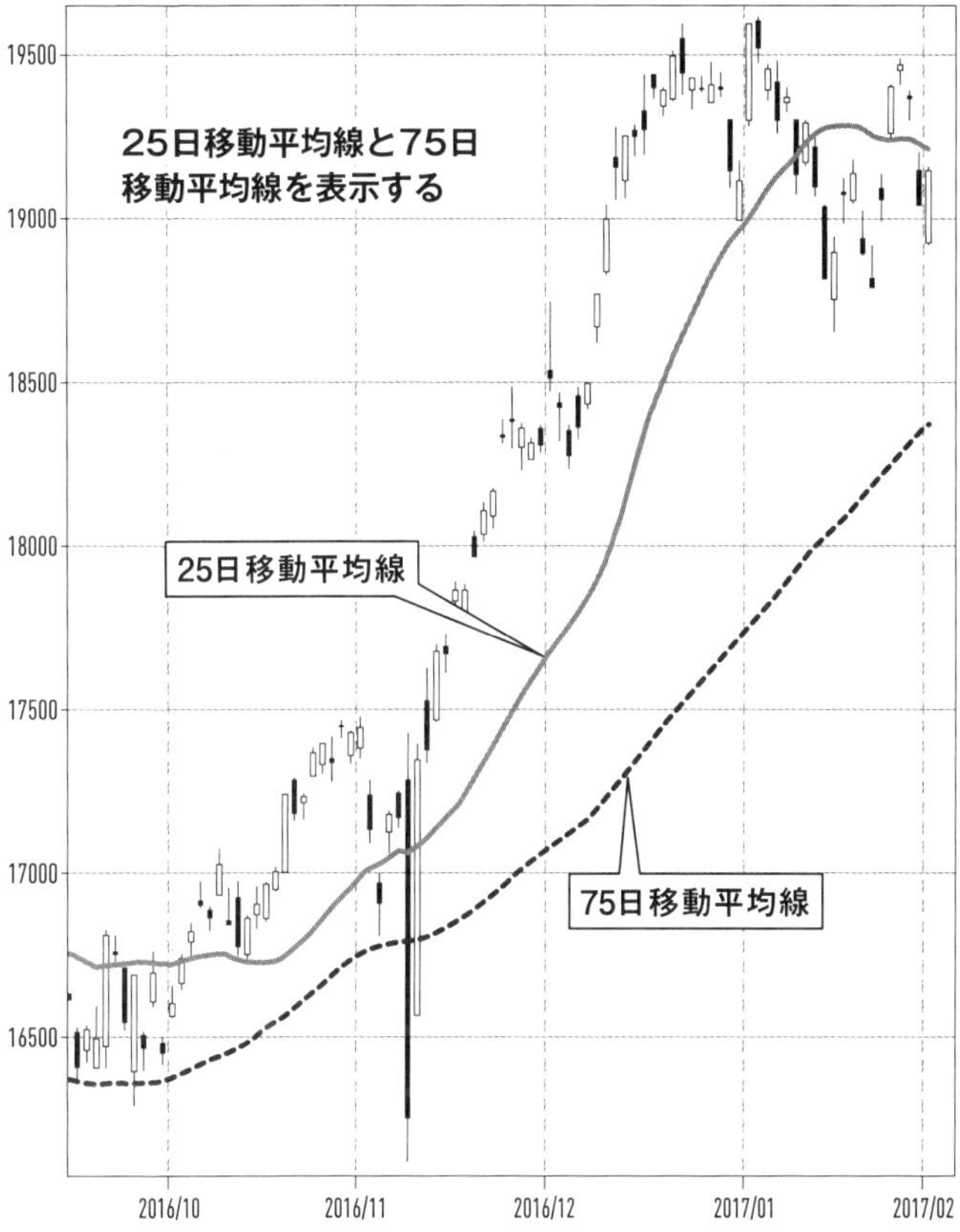

2 日経平均株価が上昇傾向のときを見極める

ここからは、手法の具体的な説明に入ります。まずは、日経平均株価の日足チャートを見て、株価と2本の移動平均線の関係から、上昇傾向のときを見極めます。以下の条件に該当していれば、上昇傾向にあると捉えてよいでしょう。

条件1……25日移動平均線が75日移動平均線の上にある
条件2……25日移動平均線と75日移動平均線がともに上向き
条件3……日経平均株価が直近の高値を上抜いて、移動平均線の上で推移

実際のチャートで見てみましょう。次ページは日経平均株価の日足チャートです。Aのところを見てください。25日移動平均線が75日移動平均線の上にあります。条件1をクリアしています。次にAとBのところを見てください。25日移動平均線と75日移動平均線がともに上向きになっています。条件2をクリア。最後にCのところを見てください。日経平均株価が直近の高値を上抜いています。条件3をクリアしています。よって、ここからDまでは、「上昇傾向にある」と捉えてよいでしょう。

上昇傾向の見極め方

日経平均株価 日足チャート

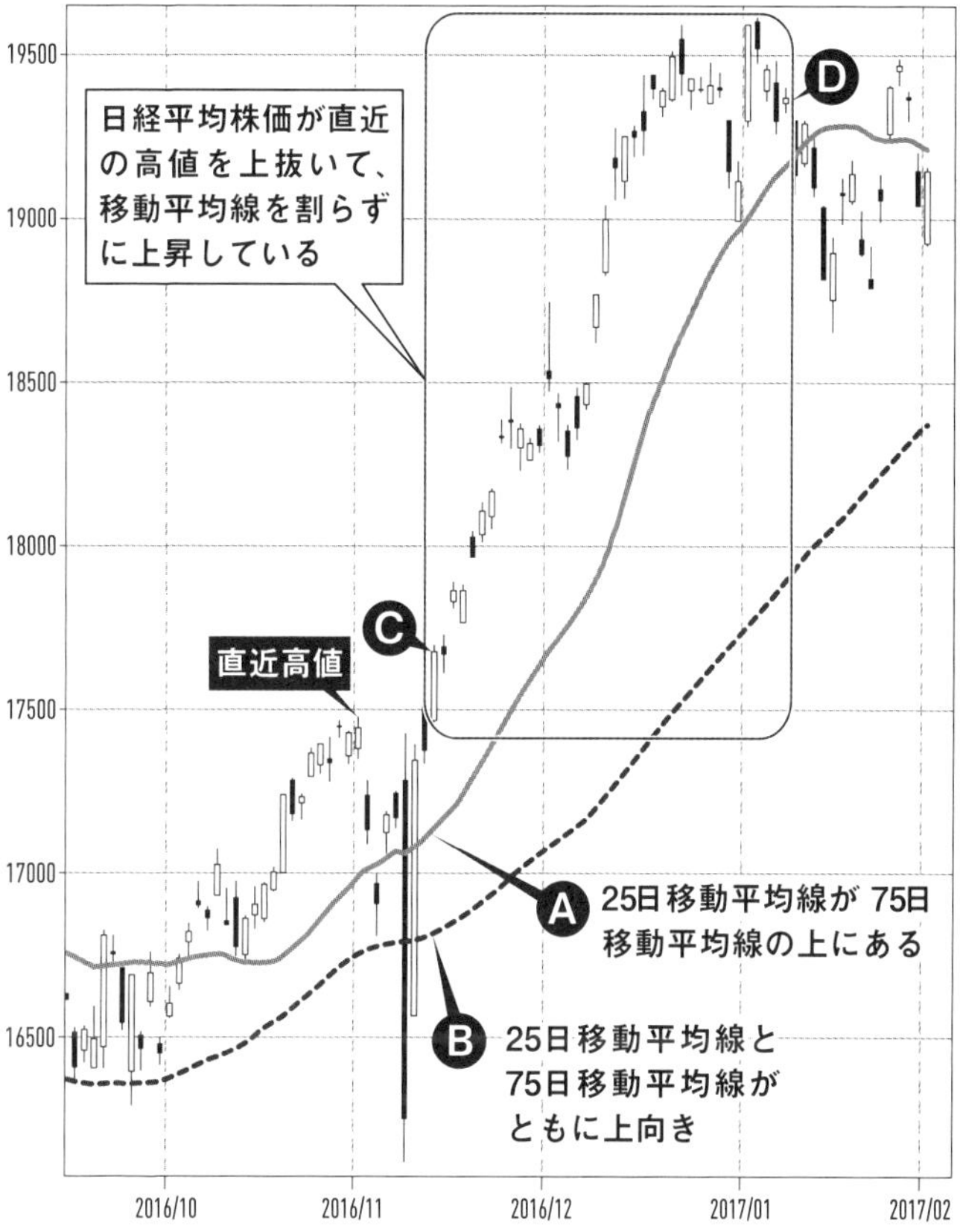

3 個別銘柄が上昇傾向のときを見極める

日経平均株価が上昇傾向のとき、個別銘柄で上昇傾向にあるものを探します。以下の条件に該当していれば、上昇傾向にあると捉えてよいでしょう。

条件1……25日移動平均線が75日移動平均線の上にある
条件2……25日移動平均線と75日移動平均線がともに上向き
条件3……直近の高値を上抜いた

日経平均株価の上昇傾向を見極めるときとほぼ同じ条件です。「条件3」のところが少し違うので、注意してください。

実際のチャートで見てみましょう。次ページは日立工機（東証1部6581）の日足チャートの一部です。

Aのところを見てください。条件1～3をすべてクリアしました。ここからは、「上昇傾向にある」と捉えてよいでしょう。

実際には、数多くの銘柄の日足チャートを見て、条件をクリアする銘柄を探します。

個別銘柄の上昇傾向を見極める

日立工機（東証1部6581）日足

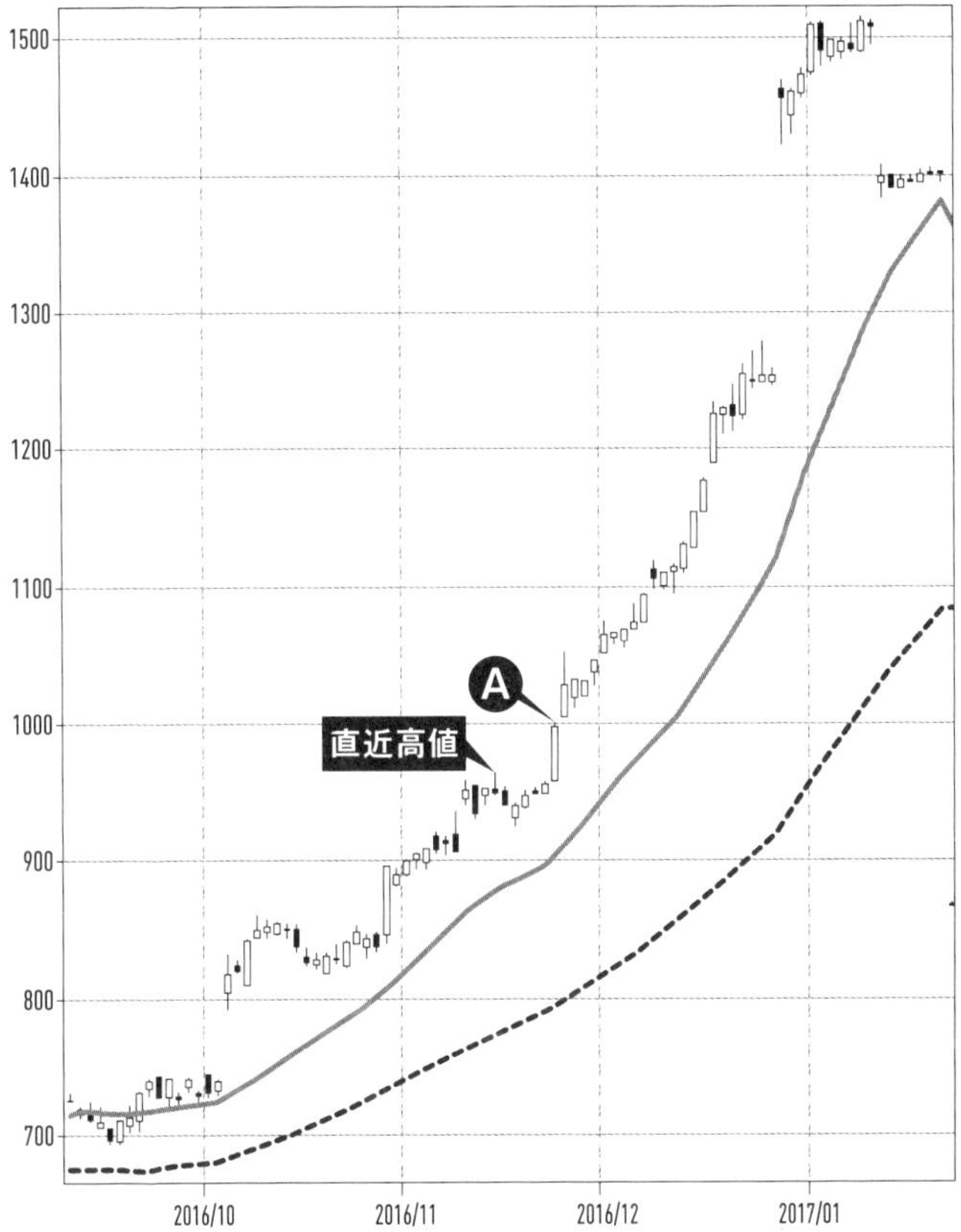

4 上昇の勢いがある銘柄に絞り込む

株を買うタイミングは、日経平均株価が条件1～3をすべてクリアしているとき（上昇傾向のとき）、個別銘柄が条件1～3をすべてクリアしているときです。このタイミングで買えば、相場全体が上昇しているときなのでリスクは小さく、勝率はけっこう高いのですが、もう少し条件を絞り込みたいと思います。

「上昇に勢いのある銘柄」だけに絞り込みます。相場全体がいつ下落に転じるかわからないので、短期間で利益を狙います。そのため、いつ上がるかわからないような銘柄よりも、勢いよく上がっている銘柄を買ったほうがいいでしょう。上昇の勢いに乗ってしまったほうが、安全です。以下のどちらかに該当した銘柄を狙います。

- **長めの陽線で直近の高値を上抜ける**
- **ギャップアップで直近の高値を上抜ける**

上昇の勢いがある状況の見極め方はいろいろとありますが、この二つがわかりやすいと思います。ギャップアップとは、前日の高値から間を空けて寄り付いた状況です。

長めの陽線かギャップアップで上抜け

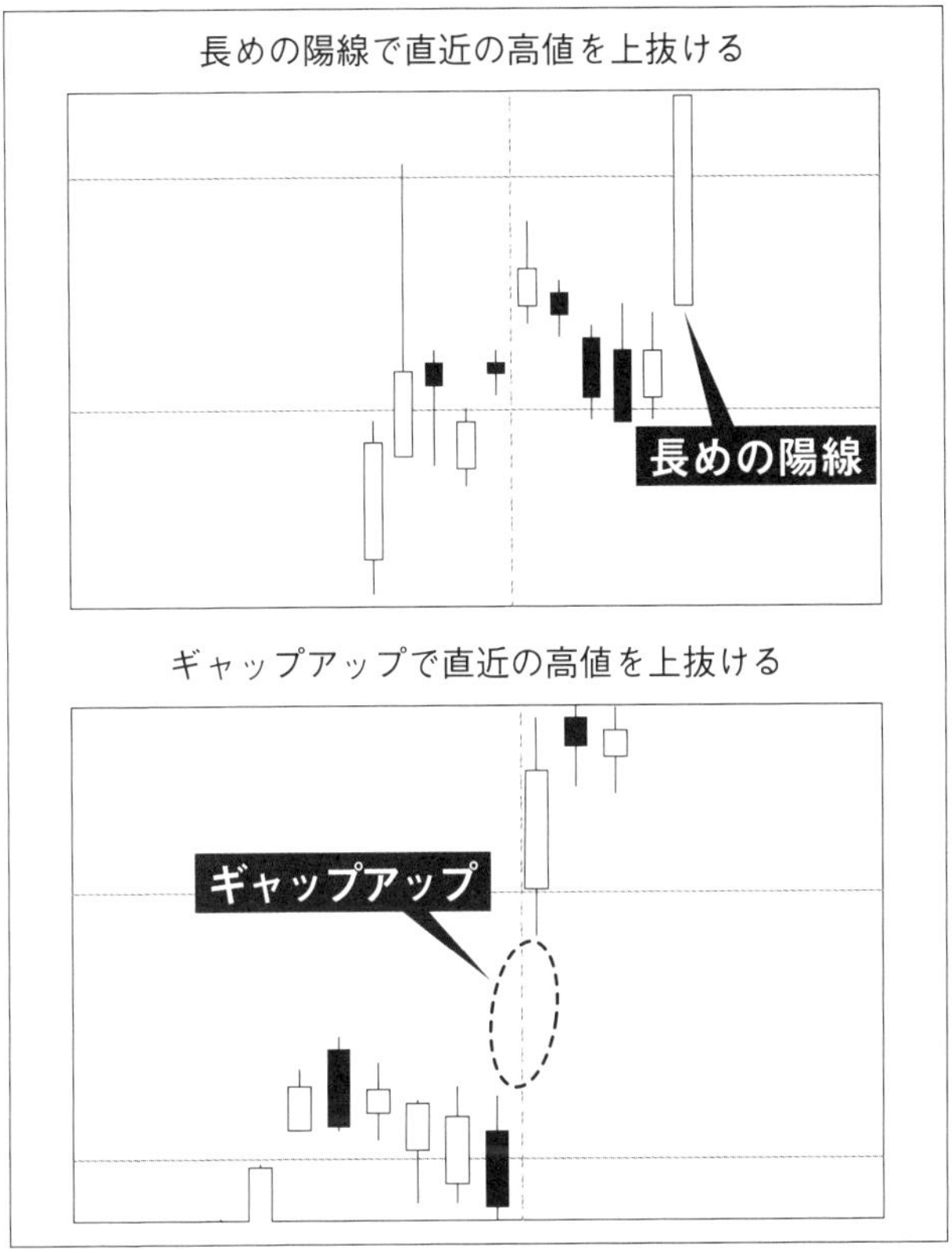

POINT 「長めの陽線で直近の高値を上抜け」か「ギャップアップで直近の高値を上抜け」の銘柄に絞り込む

5 日足チャートを使った具体的なスイングトレード手法

では、日足チャートを使ったスイングトレードの手法についてまとめます。

以下のステップで進めます。

ステップ1……日経平均株価が上昇傾向の条件1~3をすべてクリアするまで待つ。クリアしたらステップ2へ

ステップ2……個別銘柄で上昇傾向の条件1・2をすべてクリアした銘柄を探す。見つけたらステップ3へ

ステップ3……長めの陽線、またはギャップアップで終値が直近の高値を上抜けた銘柄を探す。見つけたらステップ4へ

ステップ4……直近の高値を上抜けた翌取引日の寄り付きで株を買う

「ステップ2」に該当する銘柄をリストアップしておき、大引け後にそれらの銘柄のチャートを見ていけば、「ステップ3」に該当するかどうか、すぐにわかると思います。

日足チャートを使ったスイングトレード手法の手順

ステップ1	日経平均株価が上昇傾向の条件1～3をすべてクリアするまで待つ
↓	
ステップ2	個別銘柄で上昇傾向の条件1・2をすべてクリアした銘柄を探す
↓	
ステップ3	長めの陽線、またはギャップアップで終値が直近の高値を上抜けた銘柄を探す
↓	
ステップ4	直近の高値を上抜けた翌取引日の寄り付きで株を買う

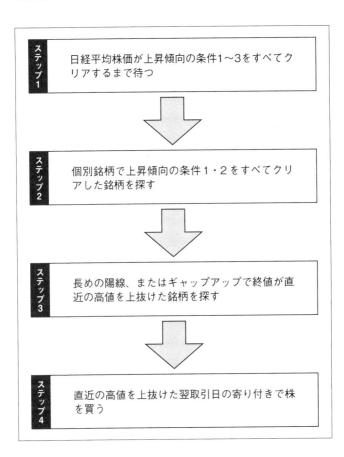

6 【実例解説】ミマキエンジニアリング（東証1部6638）

では、日足チャートを使ったスイングトレードの手法について実例を使って説明していきます。

次ページのチャートは、ミマキエンジニアリング（東証1部6638）の日足です。

ステップ1……日経平均株価は2016年11月14日に条件1〜3をすべてクリアしています（85ページのチャート参照）

ステップ2……Aのところで個別銘柄の条件1・2をすべてクリアしています

ステップ3……Bのところで、長めの陽線が出て終値が直近高値592円を上抜けしました

ステップ4……直近の高値を上抜けた翌取引日の寄り付き628円で買います

株を買った後、株価は上昇し、2016年12月12日には749円の高値を付けました。短期間で大きく上がりました。もちろん、いつもこのように大きく上昇するわけではありません。少ししか上昇しない場合もあります。

【実例解説】ミマキエンジニアリング

ミマキエンジニアリング（東証1部6638）日足

7 【実例解説】JXホールディングス（東証1部5020）

次はギャップアップで高値を上抜けした例を取り挙げます。

次ページのチャートは、JXホールディングス（東証1部5020）の日足です。

ステップ1……日経平均株価は2016年11月14日に条件1～3をすべてクリアしています

ステップ2……Aのところで個別銘柄の条件1・2をすべてクリアしています

ステップ3……Bのところで、ギャップアップして終値が直近高値448円を上抜けました

ステップ4……直近の高値を上抜けた翌取引日の寄り付き473円で買います

株を買った翌日、株価は買値よりも少し下がりましたが、その後は大きく上昇し、2016年12月12日には531・3円の高値を付けました。

チャートをよく見て、ギャップアップの形をよく覚えてください。前の取引日のローソク足と間隔が開いているので、わかると思います。

【実例解説】JXホールディングス

JXホールディングス（東証1部5020）日足チャート

8 【実例解説】東邦チタニウム（東証1部5727）

次ページのチャートは、東邦チタニウム（東証1部5727）の日足です。
ステップ1……日経平均株価は2016年11月14日に条件1～3をすべてクリアしています
ステップ2……Aのところで個別銘柄の条件1・2をすべてクリアしています
ステップ3……Bのところで、長めの陽線が出て終値が直近の高値811円を上抜けしました
ステップ4……直近の高値を上抜けた翌取引日の寄り付き825円で買います
株を買った当日、そして翌日も株価は上昇しました。2016年12月12日には893円の高値を付けると、株価は下落に転じてしまいました。
このように、日経平均株価が上昇していても、下落に転じてしまうことはよくあります。ですから、買った直後に急騰したら、そこで利食いしましょう。もしくは、持ち株の半分を利食いして利益を確保しておきましょう。

【実例解説】東邦チタニウム

東邦チタニウム（東証1部5727）日足チャート

9 【実例解説】セイコーホールディングス（東証1部8050）

次ページのチャートは、セイコーホールディングス（東証1部8050）の日足です。

ステップ1……日経平均株価は2016年11月14日に条件1～3をすべてクリアしています

ステップ2……Aのところで個別銘柄の条件1・2をすべてクリアしています

ステップ3……Bのところで、長めの陽線が出て終値が直近の高値421円を上抜けました

ステップ4……直近の高値を上抜けた翌取引日の寄り付き435円で買います

株を買った当日、そして翌日も株価は上昇しました。2016年12月12日には472円の高値を付けると、株価は下落に転じてしまいました。買った直後に急騰したら、少しの利益しか出ていなくても利食いしましょう。この例では買った当日と翌日のたった2日間で30円分程度の利益が出るわけですから、じゅうぶんだと思います。

【実例解説】セイコーホールディングス

セイコーホールディングス（東証1部8050）日足チャート

10 【実例解説】出光興産(東証1部5019)

次ページのチャートは、出光興産(東証1部5019)の日足です。

ステップ1……日経平均株価は2016年11月14日に条件1〜3をすべてクリアしています

ステップ2……Aのところで個別銘柄の条件1・2をすべてクリアしています

ステップ3……Bのところで、ギャップアップして終値が直近の高値2647円を上抜けしました

ステップ4……直近の高値を上抜けた翌取引日の寄り付き2800円で買います

株を買ったその日から株価は少しずつ上昇し、2017年1月27日には3605円の高値を付けました。チャートを見ると、Cのところで長めの陰線が出ています。この陰線でチャートの形が悪くなりました。ここまで株を持っていたら、売ったほうがいいでしょう(結果としては、その後、上昇していますが)。

【実例解説】出光興産

出光興産（東証1部5019）日足

11 演習問題 東京個別指導学院（東証1部4745）

【問題1】

次ページのチャートは東京個別指導学院（東証1部4745）の日足です。

4日目で紹介した日足チャートを使ったスイングトレードの手法で株を買うタイミングはどこでしょうか。

※日経平均株価は2016年11月14日から条件1～3をクリアしています

【演習問題】東京個別指導学院

東京個別指導学院（東証1部4745）日足チャート

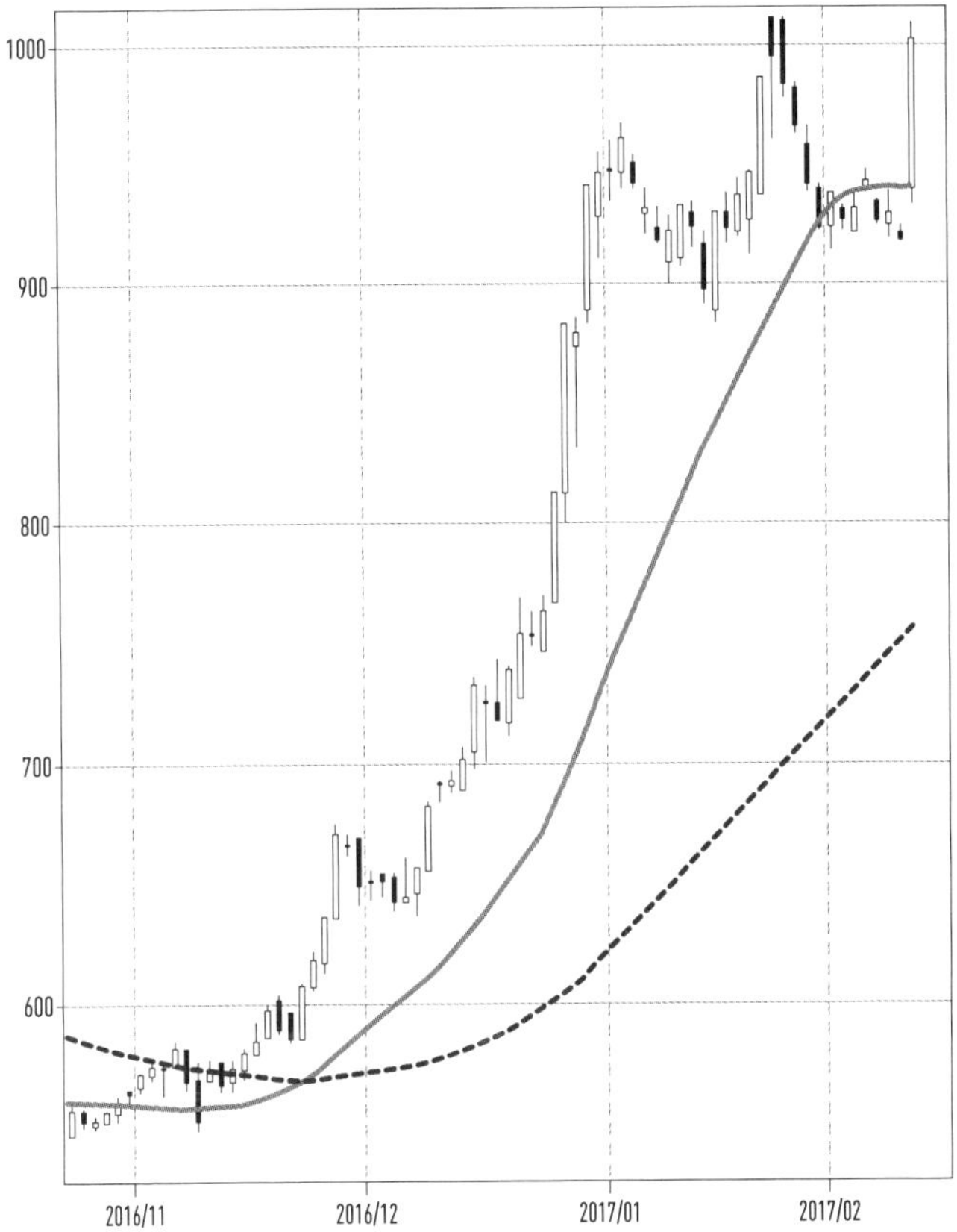

【解答】

Cのところ

【解説】

Aのところで、個別銘柄の条件1・2をクリアしています（ステップ2）。株価はまだ高値圏ではありません（ステップ3）。

Bのところで、長めの陽線が出て直近の高値675円を上抜けました（ステップ4）。直近の高値を上抜けた翌取引日の寄り付きであるCのところで買います（692円）。株を買った後、株価は上昇し、2017年1月25日には1011円の高値を付けました。

短期間でかなり大きく上がりました。もちろん、いつもこのように大きく上昇するわけではありません。

実際のトレードでは、買った後に長めの陽線が出たり、ギャップアップしたところで利食いしておきましょう。

【解答】東京個別指導学院

東京個別指導学院（東証1部4745）日足チャート

5日目

急騰初日の銘柄に絞り込んだデイトレード

1 デイトレードで継続して利益を出すためには

5日目は、デイトレードの手法を紹介します。

デイトレードとは、当日に決済するトレードのことです。買った株は、その日のうちに売ります。時間にすると、数秒から数時間です。買ってすぐに売ることもよくあります。この場合、株を持っている時間はわずか数秒です。

狙う値幅は相場状況や使う手法によってことなります。わずか1円の値上がりを狙うこともよくあります。

「相場全体が上昇傾向のとき」だけに限定してトレードをするべきだが

2003~2005年にデイトレードのブームがあり、多くの人がデイトレーダーになりました。デイトレードで大きく儲けた人がけっこういました。

しかし、大きく儲けていた人のほとんどは、その後の下落相場で儲けた分をなくしてしまったようです。そして、株式市場を去っていきました。数億円も稼いだのに、それがすべてなくなってしまったトレーダーもいたようです。

大きく儲けていた人のほとんどは、デイトレードで儲けられるスキル、儲けられる手法があったことは確かです。

しかし、それは、上昇相場でしか通用しないもの。相場が下落に転じた途端、急に儲けられなくなってしまいました。簡単な上昇相場でしか儲けられなかったわけです。トレードで損をしたくなければ、「相場全体が上昇傾向のとき」だけに限定してトレードをすることです。しかし、デイトレードの場合、相場全体が上昇傾向のときだけに限定してトレードをする、というのは難しいでしょう。相場全体が上昇傾向のときがくるまで数ヵ月間なにもしない、というわけにはいかないからです。

そのため、相場全体が上昇傾向のとき以外でもトレードをしていかなければなりません。当然、リスクをしっかりと見極め、そして、リスクをコントロールしていかないと、継続して利益を出すことはできないでしょう。

ちなみに、著者もデイトレードを始めたのはブームの頃。それからずっと勝ち続けています（月単位で）。すでに、デイトレードの手法を確立しているので、この後、株式市場のシステムが大きく変わらないかぎり、勝ち続ける自信があります。

2 デイトレードではどのような銘柄をトレードすればよいのか

デイトレードを始めた方からよく聞かれることがあります。

「どのような銘柄をトレードすればいいのですか」

株式市場にはたくさんの銘柄があります。そのため、どれを買えばいいのか、まったくわからないという方が多いようです。

デイトレードで売買するのは、「値動きの大きい銘柄」です。デイトレードは1日というかぎられた時間の中で値幅を取らないと利益を出せません。そのため、値動きの小さい銘柄をトレードすると、値幅を取るのが難しいといえます。買っても値動きがなく、結局、買値で売り、売買手数料の分を損してしまいます。逆に、値動きの大きい銘柄であれば、1日というかぎられた時間の中でも値幅を取ることが可能。買ってから取引の終了時間まで値動きがほとんどなかったということは少ないでしょう。

もちろん、1日目で述べた「二つの条件」も大切なのですが、そのほかに、「値動きの大きい」という条件も重要になります。

デイトレードで選択する銘柄

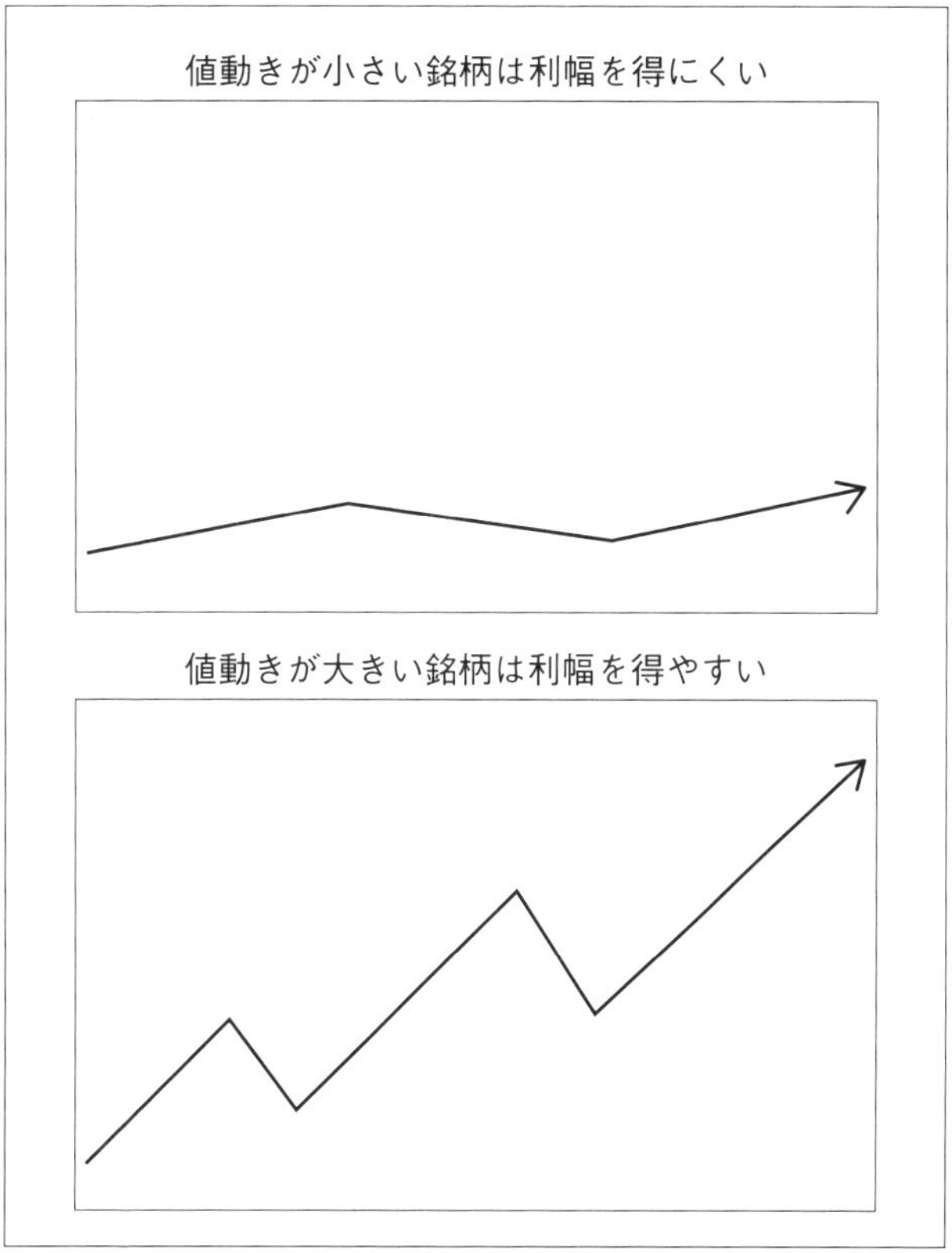
値動きが小さい銘柄は利幅を得にくい
値動きが大きい銘柄は利幅を得やすい

POINT デイトレードでは値動きが大きい銘柄をトレードすると利益を出しやすい

3 高値圏にある銘柄は避けたほうがいい

デイトレードで売買するのは、「値動きの大きい銘柄」。

しかし、値動きの大きい銘柄であれば、どのような銘柄でもよいというわけではありません。値動きの大きい銘柄の中には、リスクが極めて高いものもあるので注意しなければなりません。

とくに注意したいのは、すでに株価の位置が（日足チャートで）高値圏になっている銘柄です。株価は高値圏になると値動きが大きくなるという習性があります。そのため、値動きがいいので買ったら、かなり高値圏にあったということも珍しいことではありません。高値圏にある銘柄は、急落するリスクや大きく下落するリスクが高くなっています。

これについては2日目で説明しましたが、ここでもう一度、実例を挙げて説明しておきます。

114ページのチャートは神戸発動機（東証2部6016）の日足です。

株価は70円台から短期間で大きく上昇。140円を超えてから1日の振れ幅が大きくなっています。日によっては、長い上ヒゲになったらい、長い陰線になっています。急落や大きな下落したことを表しています。

このように、高値圏にある銘柄は急落するリスクや大きく下落するリスクが高くなるわけです。

「高値圏の銘柄を狙うデイトレード手法もあるのでは？」

たしかに、そういった手法もあります。有名なのは「ブレイク手法」。「高値圏で高値を更新したときに買う。さらに高値になったときに売る」という手法です。

デイトレーダーの多くは高値圏にある銘柄でもトレードします。著者も、トレードします。値動きが大きいので、利益を出しやすいからです。

リスクをコントロールするスキルがあれば高値圏にある銘柄をトレードしてもいいでしょう。しかし、リスクをコントロールするスキルがないと大きな損失を出す可能性があります。

スキルが身につき、コンスタントに利益が出せるようになるまでは、高値圏にある銘柄を避けたほうがいいでしょう。

高値圏にある銘柄はデイトレードに適している？

神戸発動機（東証2部6016）

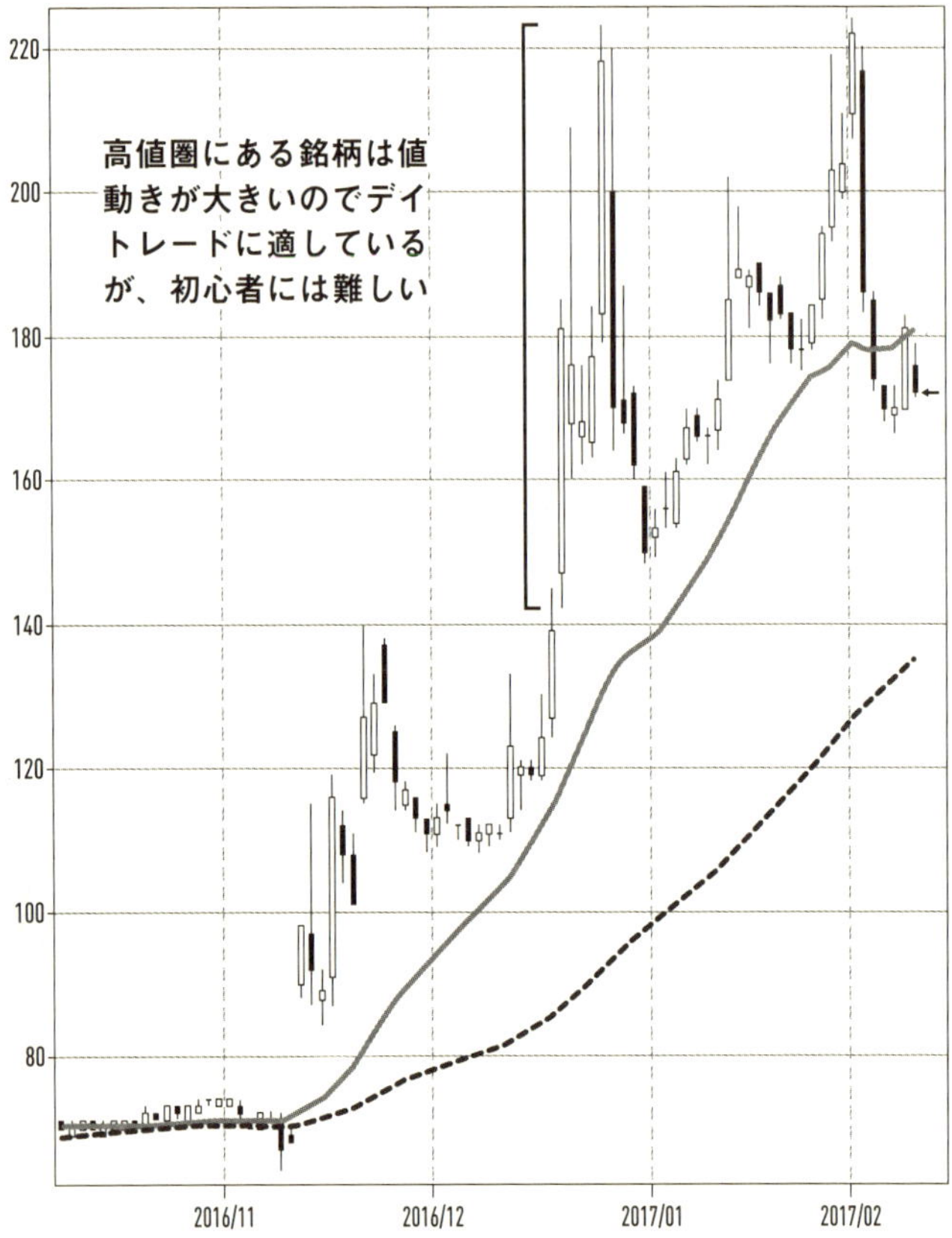

4 急騰初日の銘柄に絞り込んだデイトレード

ここまでの説明を整理すると、狙っていく銘柄は以下の二つの条件に該当する銘柄です。

・値動きの大きい銘柄
・高値圏ではない銘柄

もちろん、これだけでは絞り込めません。これらを最低条件にした上で、著者が提案するのは「急騰初日の銘柄に絞り込んだデイトレード」です。

たとえば、次ページのチャートのような銘柄です。株価はほぼ横ばいで推移していて、矢印のところで急騰しています。ここが急騰初日になります。

このような銘柄をすすめる理由は「下落幅がかぎられているから」です。

言うまでもありませんが、株価の位置は高値圏ではありません。「安値（底値圏）」かどうかはわかりませんが、高値圏でないのは間違いないでしょう。

当然、日足では、急落するリスクや大きく下落するリスクは低いといえます。

急騰初日の銘柄に絞り込む

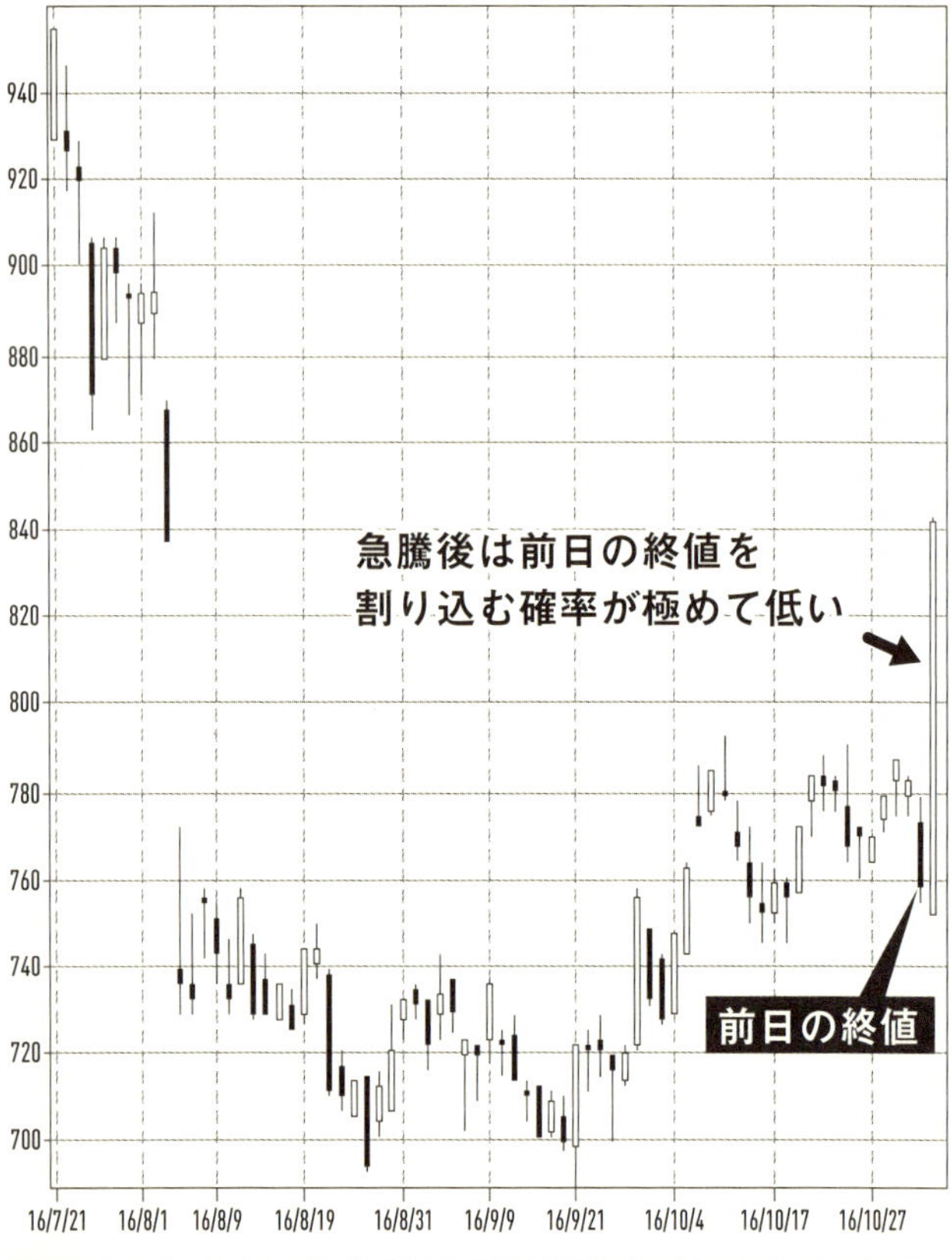

POINT 急騰初日の場合、前日の終値よりも下がる確率は極めて低い

5 小さなリスクで、大きなリターンを狙える手法

急騰初日の場合、5分足で見ると、当日の上昇幅によっては急落するリスクや大きく下落するリスクがあります。

しかし、その幅はかぎられています。

このような急騰初日の場合、もし、買った後に下落したとしても、前日の終値よりも下がることはほとんどありません。前日の終値より下がったとしても、その値幅はわずかです。何らかの悪材料が出ないかぎり、前日の終値よりも大きく下がることはありません。

リスクが低い状況だといえます。

そして、リターンは大きくなる可能性があります。なにしろ、急騰初日ですから、上値の余地は大きいといえます。

リターン＞リスク

ということです。

相場全体が上昇トレンドのときには、当日はストップ高まで上昇することもよくあります。

また、上昇が数日間、続くこともあります。

デイトレードのつもりで買ったが大きく上昇したら売らずに、スイングトレードに切り替えてもよいでしょう。

必ずデイトレードにしなければならないというルールはありません。スイングトレードに切り替えてもよいわけです。そうすることで、大きな利益を得られる可能性が出てきます。

著者も、急騰初日の銘柄をデイトレードのつもりで買っても、上昇の勢いが続くようであれば、スイングトレードに切り替えます。数日間で大きな利益を得られることがあります。

急騰初日の銘柄に絞り込んだデイトレードは、小さなリスクで、大きなリターンを狙える手法なのです。

急騰初日の銘柄を狙う理由

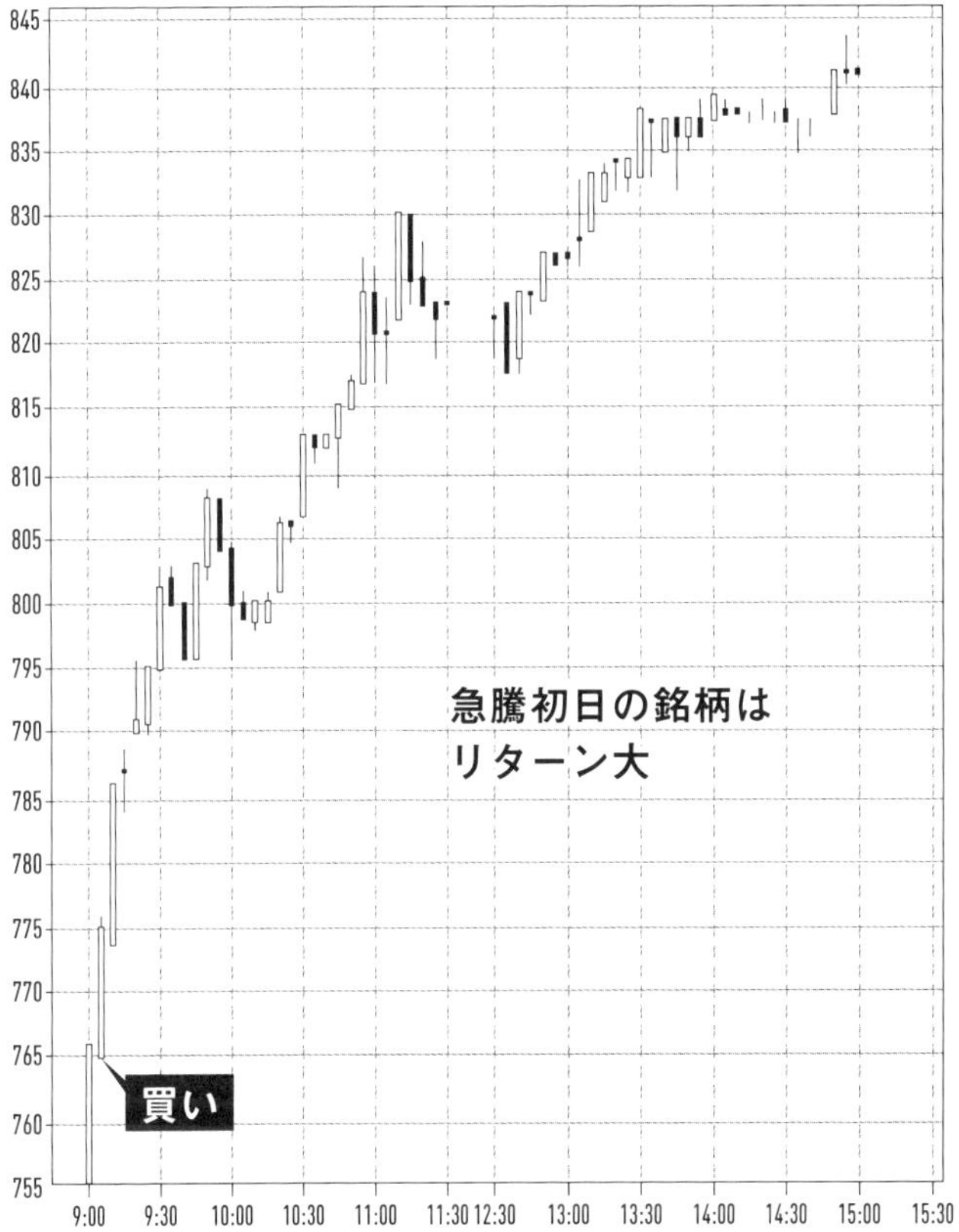

POINT 急騰初日の銘柄を狙う理由は「下落幅がかぎられているから」

6 急騰初日銘柄のデイトレード手法

では、急騰初日銘柄のデイトレード手法について説明します。

ステップ1……当日、値動きの大きい銘柄を探す。見つけたら、ステップ2へ

ステップ2……日足チャートで急騰初日かどうかを確認する。初日であれば、ステップ3へ

ステップ3……5分足で長めの陽線が出るまで待つ。出たら、ステップ4へ

ステップ4……長めの陽線の終値か、次の足の始値あたりで買う

この手法を簡単に説明すると、急騰初日の銘柄が急騰したときに、その勢いに乗る。「値動きの勢いに乗る」という、デイトレードでは基本的な手法です。「ステップ3」の「長めの陽線」が急騰を表す足です。

文章を読んだだけではよくわからないと思うので、この後、実例を使って説明していきます。

急騰初日銘柄デイトレード手法の手順

ステップ1　当日、値動きの大きい銘柄を探す

↓

ステップ2　日足チャートで急騰初日かどうかを確認する

↓

ステップ3　5分足で長めの陽線が出るまで待つ

↓

ステップ4　長めの陽線の終値か、次の足の始値あたりで買う

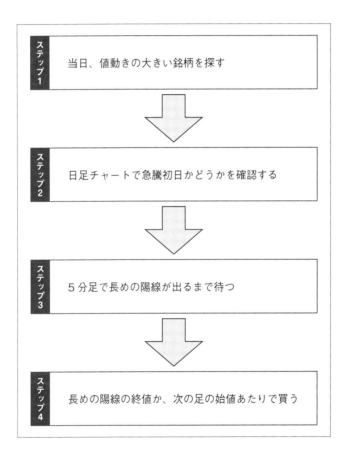

7

【実例解説】JUKI（東証1部6440）

では、急騰初日銘柄のデイトレード手法について実例を使って説明します。

次ページのチャートはJUKI（東証1部6440）の日足と5分足です。前日の終値は759円。

ステップ1……この日は寄り付き（取引開始）から上昇し、当日の上昇率ランキングにもランクイン。値動きが大きいので、トレードの候補です

ステップ2……次ページ上段の日足チャートを見てください。直近で上げ下げを繰り返していますが、その幅は小さいので、この日が「急騰初日」と捉えてよいでしょう

ステップ3……Aのところを見てください。5分足で長めの陽線が出ました

ステップ4……長めの陽線の終値766円か、次の足の始値765円で買います

その後、株価は、取引終了時間まで上昇。この日の終値は841円。実際のトレードでは、取引終了時間までのどこかのタイミングで利食いします。

【実例解説】JUKI

JUKI（東証1部6440）日足

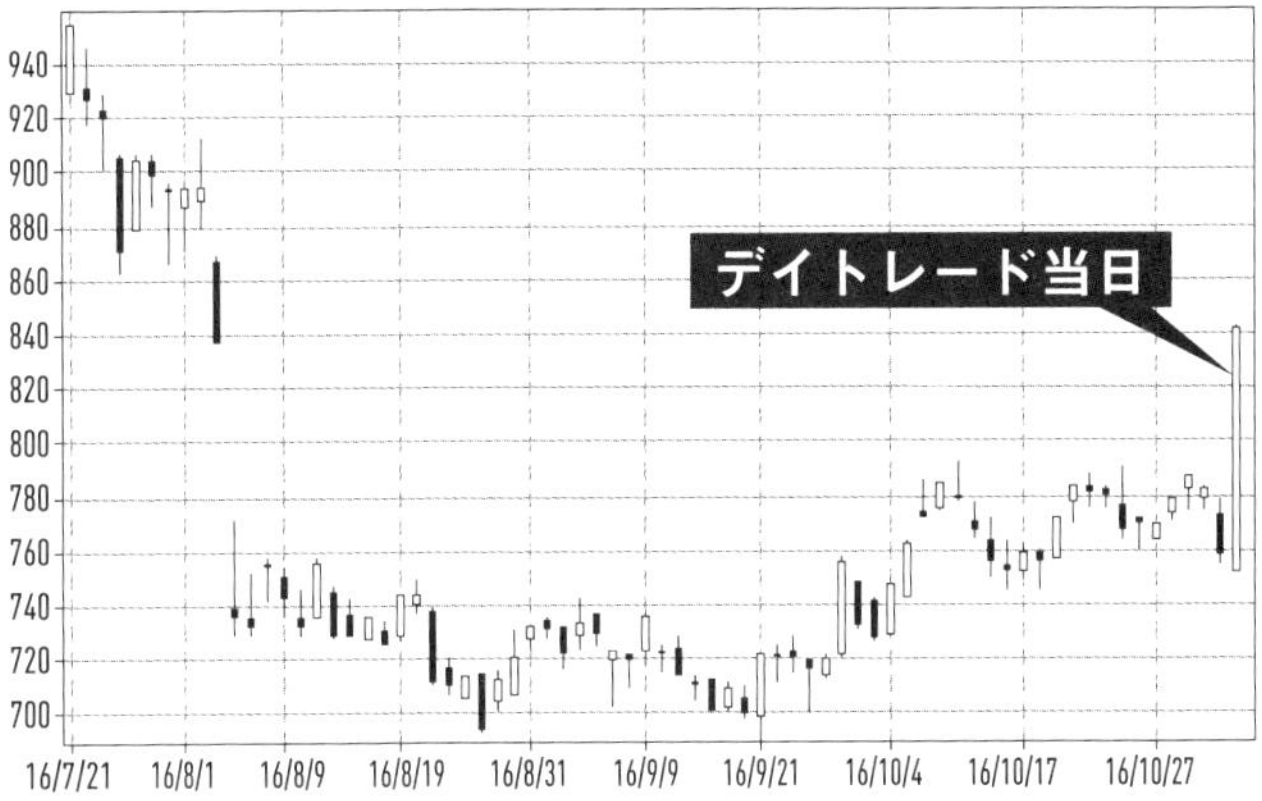

JUKI（東証1部6440）5分足

8 【実例解説】堀田丸正（東証2部8105）

次ページのチャートは堀田丸正（東証2部8105）の日足と5分足です。前日の終値は100円。

ステップ1……この日は寄り付き直後から急騰し、当日の上昇率ランキングにもランクイン。値動きが大きいので、トレードの候補です

ステップ2……次ページ上段の日足チャートを見てください。直近で上げ下げを繰り返していますが、その幅は小さいので、この日が「急騰初日」と捉えてよいでしょう

ステップ3……Aのところを見てください。5分足で長めの陽線が出ました

ステップ4……長めの陽線の終値か、次の足の始値あたりで買います。この例ではどちらも117円です

株を買った後、株価は少し下落しましたが切り返し、144円まで急騰しました。この高値までの間に利食いします。

【実例解説】堀田丸正

堀田丸正（東証2部8105）日足

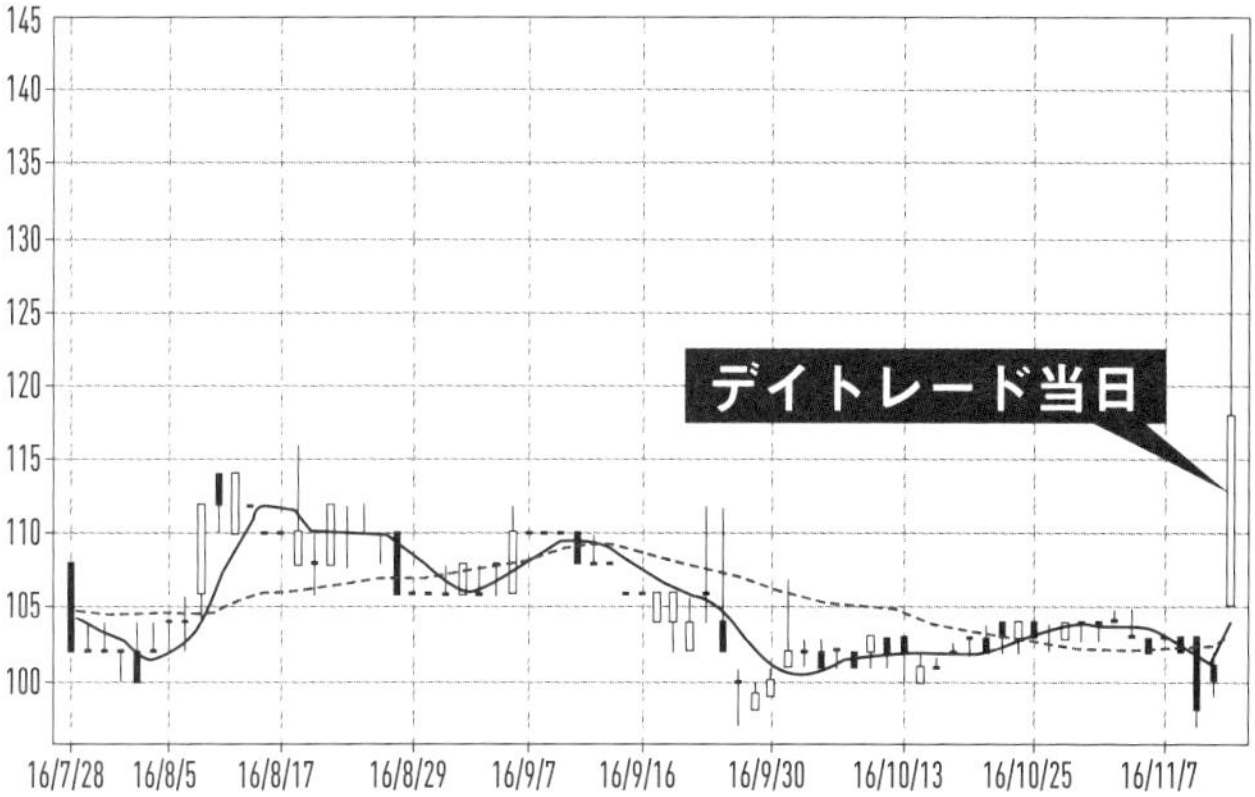

堀田丸正（東証2部8105）5分足

9 【実例解説】 明治機械（東証2部6334）

次ページのチャートを見てください。これは明治機械（東証2部6334）の日足と5分足です。前日の終値は146円。

ステップ1……この日は寄り付きから少しずつ上昇し、当日の上昇率ランキングにもランクイン。値動きが大きいので候補です

ステップ2……次ページ上段のチャートを見てください。これは明治機械の日足チャートです。直近で上げ下げを繰り返していますが、その幅は小さいので、この日が「急騰初日」と捉えてよいでしょう

ステップ3……Aのところを見てください。5分足で長めの陽線が出ました

ステップ4……長めの陽線の終値か、次の足の始値あたりで買います。この例ではどちらも162円です

株価は9時45分くらいに187円まで急騰しました。この高値までの間に利食いします。

【実例解説】明治機械

明治機械（東証2部6334）日足

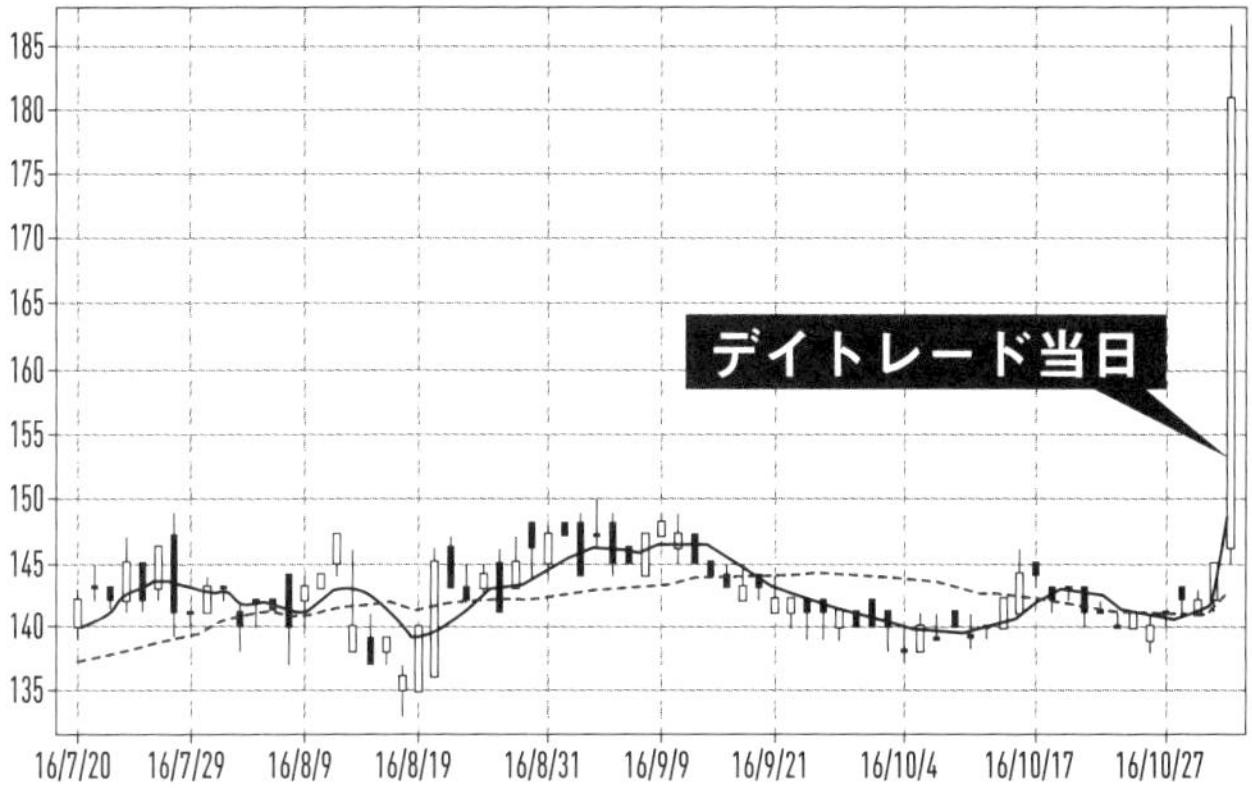

明治機械（東証2部6334）5分足

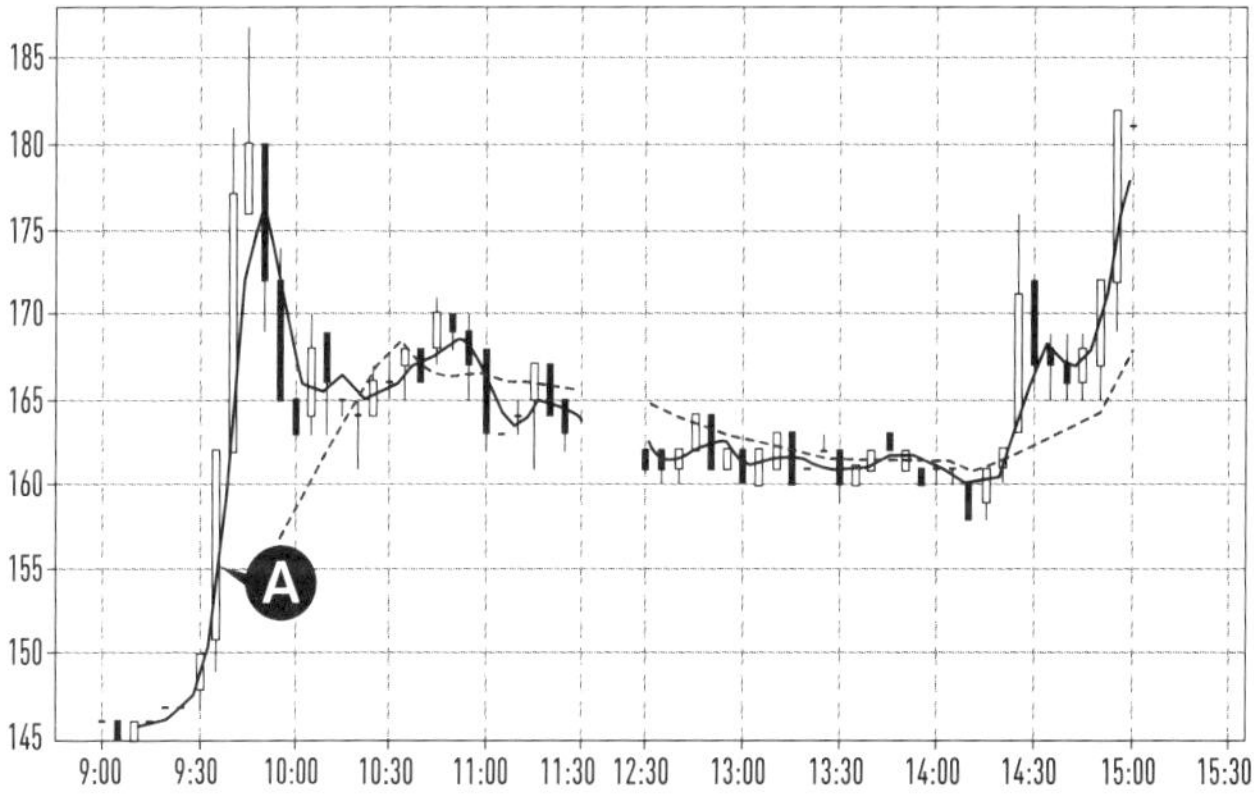

10 【実例解説】ソフィアホールディングス（東証ジャスダック6942）

次ページのチャートはソフィアホールディングス（東証ジャスダック６９４２）の日足と5分足です。前日の終値は１５６円。

ステップ１……この日は寄り付きからほとんど動かなかったのですが、大引け間近に急騰し、当日の上昇率ランキングにもランクイン。値動きが大きいので、トレードの候補です

ステップ２……日足チャートを見ると、直近で上げ下げを繰り返していますが、その幅は小さいので、この日が「急騰初日」と捉えてよいでしょう

ステップ３……Aのところを見てください。5分足で長めの陽線が出ました

ステップ４……長めの陽線の終値１７９円か、次の足の始値１７７円で買います

株を買った後、株価は急騰し、ストップ高の２０６円まで急騰しました。この高値までの間に利食いするか、ストップ高まで持っていたのであれば、翌日に持ち越してもよいでしょう。

【実例解説】ソフィアホールディングス

ソフィアホールディングス（東証ジャスダック6942）日足

ソフィアホールディングス（東証ジャスダック6942）5分足

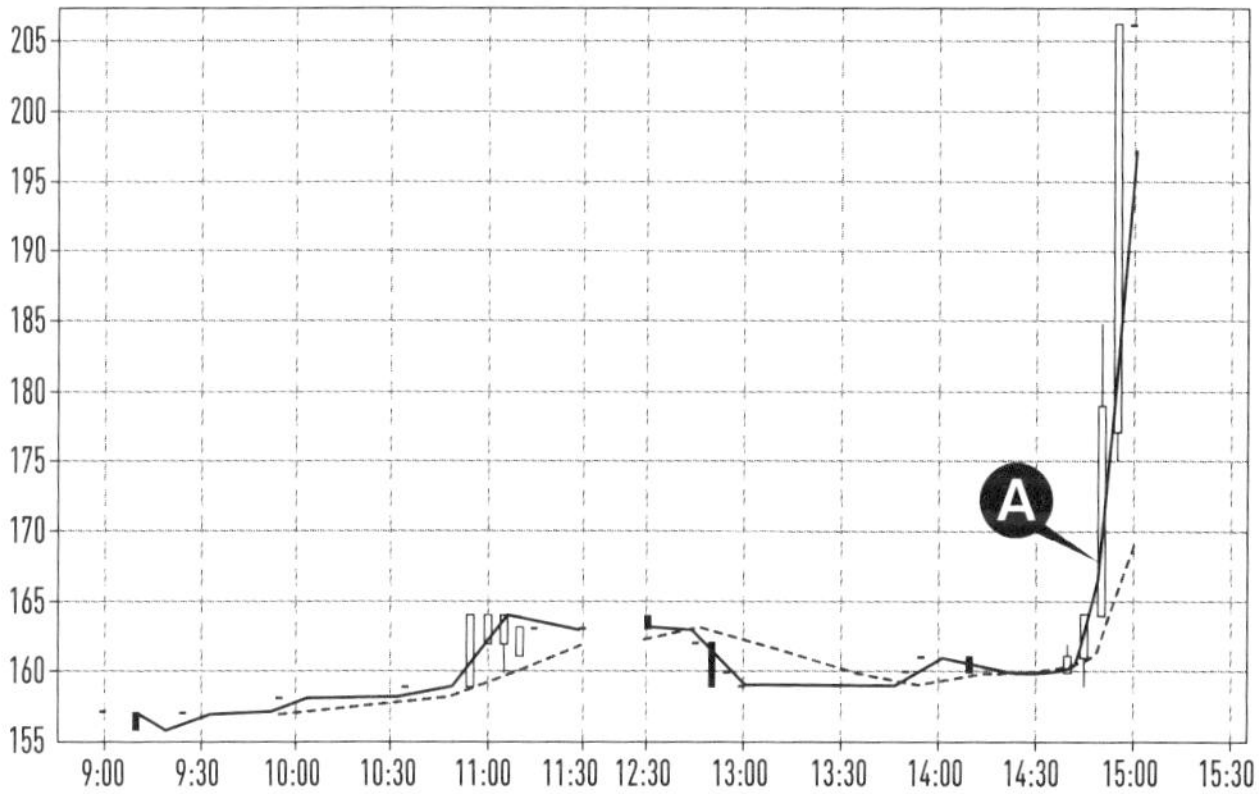

11

演習問題 オンキヨー(東証ジャスダック6628)

【問題1】

次ページのチャートはオンキヨー（東証ジャスダック6628）の5分足です。5日目に紹介したデイトレードの手法で株を買うタイミングはどこでしょうか。

※この日は急騰初日です

【演習問題】オンキヨー

オンキヨー（東証ジャスダック6628）5分足チャート

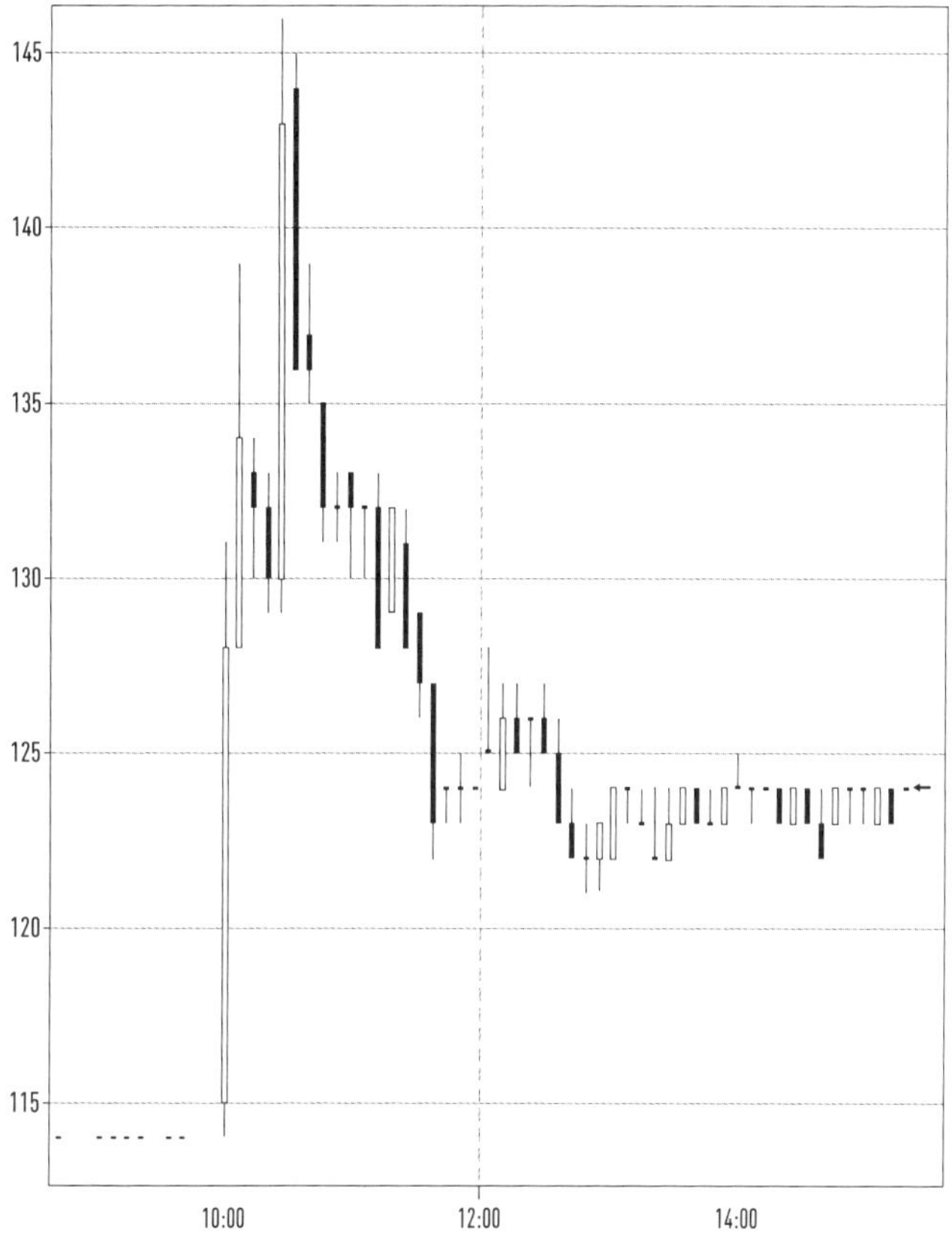

【解答】

B、またはCのところ

【解説】

Aのところで、長めの陽線が出ました（ステップ3）。長めの陽線の終値で買うならBのところ、次の足の始値で買うならCのところになります。この場合、どちらも買値は128円です。株を買った直後、138円（Dのところ）まで急騰。その後、いったん、買値近辺まで下落しています。実際のトレードでは、Dの高値までの間に持ち株のすべてを利食い、または持ち株の半分を利食いしておきましょう。

【解答】オンキヨー

オンキヨー（東証ジャスダック6628）5分足チャート

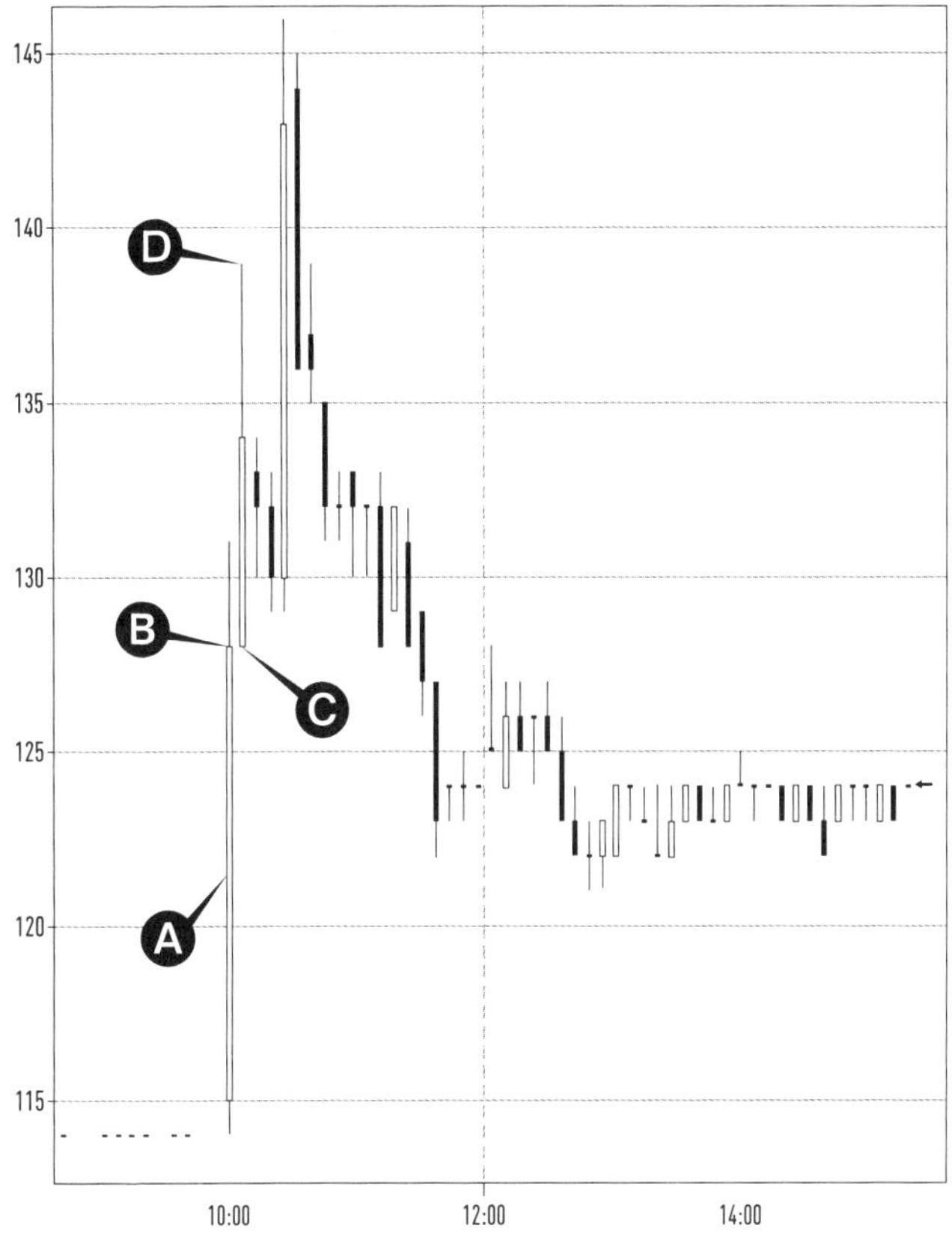

6日目

ロスカットでリスクをコントロールする

1 ロスカットでリスクをコントロールする

株式投資や株トレードで全戦全勝というのは無理です。必ず損をする取引があります。

その損失をコントロールするには、ロスカットが有効です。

ロスカットは株式投資や株トレードにおいて重要なことなので、ここで詳しく説明しておきます。

ロスカットとは、「損切り」のこと。含み損が出ている持ち株（または信用取引の建て玉）を決済し、損失額を確定させることです。

たとえば、ある銘柄を株価300円で1万株買ったとします。その後、株価が295円になってしまいました。ここで、利益を諦めて、持ち株を売ります。損失額は5円分なので、5万円になります（説明をわかりやすくするために手数料は考慮しません）。

なぜ、損失が出るのをわかっていて株を売ったのでしょうか。

これは、リスクを限定するためです。

株を売った後、株価がいくら下がっても損失額が増えることはありません。前出の例でいえば、株価が295円からさらに下がって280円になったとしても、損失額が増えることはありません。すでに損失額は5万円で確定しているわけですから、当然です。極端な話、株価が1円になっても損失額は増えないわけです。

「でも、株を売らずに持ち続けていれば、利益が出た可能性もあったのではないか」

そう思った人もいることでしょう。たしかに、持ち続けていれば、株価が反転し、利益が出ることもあります。

しかし、その逆に、さらに株価が下がり、損失が拡大する可能性もあるわけです。

株式投資や株トレードで、継続して儲けるコツがいくつかあります。その一つはこれです。

1回の取引で大きな損失を出さない

たとえば、5回のトレードでそれぞれ3万円ずつ利益を出したとします。全部で15万円の利益です。しかし、次のトレードで30万円の損失を出したら、利益はなくなり、さらに15万円の損失が出てしまいます。

「そんな馬鹿なトレードをする人などいない」

と思うかもしれませんが、実際にいるのです。しかも、たくさん。

株価が下がっても、「そろそろ反転するはず」「もう少し我慢しよう」と思い、株を持ち続けます。

その結果、大きな含み損を抱えてしまう。1回の取引で大きな損失を出してしまうわけです。

含み損が大きくなると、心理的に株を売れなくなります。

なぜなら、売った時点で取り戻すチャンスを失ってしまうからです。持ち続けていれば、株価が反転して含み損が減ることもあります。しかし、売ってしまえば、株価が反転して損失は減りません。

損失を取り戻すには、また取引をする必要があります。これが嫌なので、売れなくなるわけです。

おそらく、このような経験がある方も多いことでしょう。

ですから、ロスカットはなるべく早めにすることが重要です。

2 ロスカットの目安

では、どのくらい損失（この場合は含み損）が出たらロスカットしたほうがいいのでしょうか。

なにか、「目安」や「基準」があるのでしょうか。

これは過去、何度となく聞かれました。著者の知人や著者の本を読んだ人に何度聞かれたか覚えていないほどです。

また、編集者の方にも、「読者がわかるようにロスカットの目安を書いてください」といわれたことが何度かありました。それで、仕方なく、目安をつくって書いた覚えがあります。

たしかに、株式投資や株トレードでコンスタントに利益を出せない人にとっては、「ロスカットの目安」を知りたいことでしょう。

しかし、はっきりいって、目安などありません。

まず、人によってトレードスタイルやトレードの環境がことなります。

2、3円の値幅を狙っている人もいれば、100円以上の値幅を狙っている人もいます。1000株単位でトレードをしている人もいれば、10万株単位でトレードをしている人もいます。100万円の資金でトレードをしている人もいれば、1億円の資金でトレードをしている人もいます。

それぞれ、ことなる条件下でトレードをしています。ですから、一概に「この値幅でロスカット」「この損失額でロスカット」とはいえないわけです。

「ロスカットの目安が必要」というのであれば、自分のトレードスタイルやトレードの条件を考慮し、自分に合った目安をつくらなければならないわけです。

著者のロスカット・タイミング

では、著者はどのようにしてロスカットするタイミングを決めているのでしょうか。

かつては、目安となるものをつくったことがあります。「ロスカットマニュアル」です。

「この手法でトレードした場合は、買値から5円下がったらロスカットする」「この手法でトレードした場合は、直近の安値を割り込んだらロスカットする」というように、各手法ごとにロスカットの目安を決めていました。

しかし、最近は違います。「買値から5円下がったらロスカットする」と決めていたのが、今では状況しだいで8円でロスカットしたり、3円でロスカットしています。相場の状況を複合的に判断し、臨機応変にしています。相場全体の動きや個別銘柄の板の状況などから、ロスカットのタイミングを決めているわけです。

ロスカットのタイミングを決める判断基準

著者は、相場の状況を複合的に判断してロスカットのタイミングを決めています。しかし、読者の方にはこのようなやり方をすすめることはしません。相場の状況を複合的に判断してロスカットのタイミングを決めるというやり方は、トレードの経験を積まないと難しいからです。

株式投資や株トレードでコンスタントに利益を出せるほどのスキルが身につくまでは、以下のどれかでロスカットのタイミングを決めるようにしてください。

・値幅で決める

・含み損の額で決める

・チャート上のポイントで決める

・株価指標（テクニカル指標）で決める

値幅で決める場合は、「買値から何円下がったらロスカット」というようにします（カラ売りの場合は売値から何円上がったらロスカット）。

たとえば、「買値から5円下がったらロスカットする」「買値から50円下がったらロスカットする」など。株価がわかればロスカットのタイミングがすぐにわかるので、初心者にはおすすめです。

含み損の額で決める場合は、「含み損が何円になったらロスカット」というようにします。たとえば、「含み損が3万円になったらロスカットする」「含み損が10万円になったらロスカットする」など。

チャート上のポイントで決める場合は、株価がテクニカル・ポイントになった時点でロスカットします。

一般的には、「直近の安値を割り込んだらロスカットする」「トレンドラインを下に抜けたらロスカットする」などです。チャート上のポイントで決める場合、「どこがポイントになるのか」がわからないと、意味がありません。そのため、初心者には難しいと思います。

株価指標で決める場合は、株価移動平均やストキャスティクスなどのテクニカル指標を使います。

たとえば、「株価が25日移動平均線を割り込んだらロスカットする」「ストキャスティクスがデッドクロスしたらロスカットする」などです。当然のことですが、テクニカル指標を使いこなすスキルが必要になります。株価移動平均なら初心者でもすぐに使えると思いますが、他のテクニカル指標はそれなりに知識を学んでからでないと使えないでしょう。

初心者であれば、値幅で決めるか含み損の額で決めるかでロスカットのタイミングを決めるようにしましょう。

3 ストップ安でリスクコントロールができなくなる

50ページでストップ高のことを書きましたが、覚えているでしょうか。

ストップ高の場合、買い注文の株数に対して売り注文の株数が極端に少ないので、その株を買いたくても買えないときがあります。

その逆のこともあります。ストップ安の場合、売り注文の株数に対して買い注文の株数が極端に少ないので、その株を売りたくても売れないときがあります。

もし、持ち株がストップ安になってしまったら、ロスカットしたくてもできないことになります。

たとえば、ある銘柄を300円で1万株買ったとします。この日の終値は、買値と同じ300円です。翌日、なぜか、寄り付き前から大量の売り注文が出たとします。取引が成立せず、ストップ安の220円まで下落。

この場合、わずか1日で80万円の損失が出たことになります。

さらに、翌日も大量の売り注文が出て、ストップ安になりました。株価は140円。

わずか2日で160万円の損失が出たことになります。

「たとえば」の話として書いているだけで、恐ろしくなります。

もし、300円で1万株買ったときに、「290円まで下落したらロスカットしよう」と思っていたとしても、売り注文の株数に対して買い注文の株数が少なかったために取引が成立しなかったので、ロスカットできなかったわけです。

損失が拡大していくのを見ているだけ。「損失が少しでも少なくなるように」と祈ることしかできません。

このようなことは、実際に起こりうることなのです。

私自身、過去に何度かこのような経験をしたことがあります。もう銘柄は忘れてしまいましたが、夜、眠れなかったことは覚えています。

つい最近ですが、ある人がこのような事態になり、ツイッターに書き込んで（つぶやいて）いたのを読みました。信用取引で買っていた株が連続ストップ安になったため、追証（信用取引における証拠金の追加請求）が発生。とても払える額の証拠金ではなかったので、寄り付いた時点で清算。大きな負債を抱えたそうです。口座の管理画面のキャプチャー画像や、証券会社からのメールの内容が掲載されていたので、本当のようです。株式投資や株トレードをしていれば、このようなことに巻き込まれる可能性があるわけです。

ストップ安による損失を回避する方法は？

ストップ安による損失を回避する確かな方法はあまりないのですが、株を持ち越さないことで、巻き込まれる確率は大幅に減ります。といっても、株式投資やスイングトレードをしている人はそうもいかないでしょう。

決算発表の予定日に持ち越さなければ巻き込まれる確率は大幅に減ります。しかし、好決算による株価上昇を諦めなくてはなりません。決算以外の悪材料はいつ出るかわからないので、大引け後に悪材料が出た場合は仕方がないと諦めるしかありません。

悪材料以外でのストップ安なら、かなりの確率で回避することができます。

- **直近で連続ストップ高した株は持ち越さない**
- **直近で急騰した株は持ち越さない**
- **直近で大きく上昇した株は持ち越さない**

これを守れば、ストップ安による下落に巻き込まれる確率は大幅に減ります。

4 ロスカットに対する考え方

以前は、デイトレードでロスカットをすると、しばらくの間、イライラしていました。熱くなり、全身から汗が吹き出ることもよくありました。その後のトレードは乱れ、損失を拡大させてしまうこともありました。

しかし、最近はイライラすることがなくなりました。

もちろん、ロスカットをした後は「損失分を取り戻したい」という気持ちはあるのですが、だからといって、イライラしたり、熱くなったり、乱れたトレードをすることはなくなりました。

これは、思考が変わったためです。

・全部勝てるわけがない
・ロスカットした損失分は経費

そもそも、すべてのトレードで利益を出せるわけがないのです。利益が出たトレードを「勝ち」、損失が出たトレードを「負け」とすると、「全部勝てるわけがない」ということです。勝ったり、負けたりを繰り返しながら利益を積み上げていく。これが、トレードなのです。

このことは、トレードを始めたばかりの人でも、わかっていることです。著者もそうでした。しかし、損失が出ると、このことが頭の中のどこかへいってしまいます。理屈としては納得しているのに、なぜか実践では納得できない。

それが、ここ最近は、実践でも納得できるようになりました。

また、「ロスカットした損失分は経費」と思うようになりました。トレードにおける経費というと、パソコンや情報料などがあります。情報料とは、ネットの有料情報やチャート誌などにかかる費用です。

このほか、ロスカットして出た損失分も経費だと考えています。「ロスカットはトレードで利益を出すために必要なこと」で、「ロスカットして出た損失分はトレードで利益を出すために必要な経費」なのです。

経費を使っても、トータルで利益が出ればいいのです。ロスカットしても、トータルで利益が出ればいいのです。

この「ロスカットの経費」をケチれば、無理なトレードになり、大変危険です。大きな損失を出してしまう可能性があります。

「ロスカットの経費を上手に使って利益を出していこう」という考えができれば、ロスカットをしても、イライラしたり、熱くなったり、乱れたトレードをすることはなくなります。

大きな損失を出してしまったら

大きな損失が出たときに絶対にやってはいけないことがいくつかあります。

その一つは、「すぐに取り戻そうとすること」です。

大きな損失が出ると悔しいので、なんとかすぐに取り戻そうと思ってしまいます。

しかも、損失額のすべてを取り戻そうとします。たとえば、1回のトレードで30万円の損失が出たら、すぐに30万円を取り戻したい気持ちになります。

そして、トレードの金額を大きくしたり、株数を増やしたり、リスクを見極めずに株を買ったりします。

その結果、たいがいはさらなる損失を出してしまいます。

もちろん、うまくいくこともあるでしょう。トレードする株数を増やしたりして一気に損失した分を取り戻すこともあります。

しかし、うまくいくと、また大きな損失が出たときに同じことをしてしまいます。

そして、いつかはものすごく大きな損失を出すことになるわけです。

著者も、急落に巻き込まれたりして、予想外に大きな損失を抱えてしまうことがあります。

そのようなときは以下のようにしています。

1. 損失を受け入れる

2. 当日は損失額の一部だけを取り戻そうとする

まずは、損失を受け入れることから。「久々にやっちまったな。ま、トレードをしていれば、いくら気をつけていてもこういったことは起きること。仕方がない」というように、自分の中で納得させます。

次に、当日は損失額の一部だけを取り戻すようにします。損失額の全部ではなく、一部。たとえば、「今日、全額ではなく、3分の1だけ取り戻そう」とします。本当はその日のうちにすべて取り戻したいのですが、そう思うと無理なトレードをしてしまうので、「一部だけ」と言い聞かせます。

7日目

株トレードの立ち回り方

1 今日も事故なしでいこう！

著者は毎朝、取引が開始される直前、8時55分くらいになると、自分に声をかけます。

かつて、子供が生まれる前は、「今日もガンガン稼ぐぞ。大引け（取引終了時間）まで稼ぎまくれ！」といった強気な言葉でした。

最近は違います。

「今日も事故なしでいこう！」

なんだか、どこかの工場や作業現場の朝礼のようです。

最初の頃は、「今日も無事故でいこう！」といっていたのですが、なんだかしっくりいかなかったので、途中から、「今日も事故なしでいこう！」にしました。

この場合の事故とは、「急落に巻き込まれること」です。「事故なしでいこう」とは、「（デイトレードで）急落に巻き込まれて損失を出さないようにしよう」ということです。

著者がトレードで恐れているのは急落です。買った株の株価が急落することです。なぜなら、急落すると、自分が思っていた株価でロスカットができず、大きな損失が出てしまうからです。

仮に、買った株の株価が下がったとしても、ゆっくり下がる分には、決めた値幅でロスカットできます。たとえば、ある銘柄を３００円で買ったとします。その株価が値下がりしても、２９９円、２９８円、２９７円……ゆっくり下がっていくなら、こちらが決めた株価で売れます。「２９５円になったらロスカットする」を決めていたのであれば、その株価でロスカットできるわけです。

しかし、株価が急落してしまうと、自分が決めていた株価でロスカットができないことがあります。たとえば、ある銘柄を３００円で買い、「２９５円になったらロスカットする」と決めていても、３００円から２９０円まで急落してしまったら、２９５円で売ることができません。急いで売り注文を出したとしても、２９１円で売れるかどうか。

このように、買った株の株価が急落すると、決めていた株価でロスカットができず、損失が大きくなってしまいます。

「リスクをコントロールできない」というわけです。

これを恐れています。

なるべく、急落に巻き込まれないように、朝、取引が開始される直前に、「今日も事故なしでいこう！」と自分に声をかけているわけです。

事故を減らす方法

では、どのようにして事故を避けているのでしょうか。

じつは、急落を完全に避けることはできません。著者はデイトレードをはじめて17年以上経ち、デイトレードの勝率は8割以上を保っていますが、それでも月に何回かは急落に巻き込まれます。「絶対に急落に巻き込まれないトレード」など、かなり難しいといえます。

しかし、注意することで、急落に巻き込まれる確率をかなり低くすることができます。

その方法は本書の中でいくつか紹介しています。

・チャートで株価の位置を確認する

- **株価が高い位置にある株を買わない**
- **直近で連続ストップ高した株を買わない**

などがその方法です。

ただ、著者の場合、デイトレードで生計を立てているため、株価が高い位置にある銘柄をすべてトレードの対象外にするわけにはいきません。

そのため、高い位置にある銘柄のトレードでは以下のこととしています。

- **指値の位置（値段）をいつもよりか下げる**
- **株数を少なくする**
- **わずかな値幅で利食いする**
- **上がらないと感じたら、すぐに売る**

指値注文で株を買う場合ですが、指値の位置（値段）をいつもよりか下げることで、急落に巻き込まれなかったり、巻き込まれたとしても損失額を少なくすることができます。

たとえば、300円で買うところを295円にしておく。もし、290円まで急落しても、5円分、損失額が少なくて済みます。

また、買うときに株数を少なくすることで、巻き込まれたとしても損失額を少なくすることができます。

たとえば、1万株買うところを5000株にしておく。もし、急落しても、損失額が半分で済みます。

株を買った後、持っている時間が長くなるほど急落に巻き込まれる確率が高くなります。そのため、株価が上がっても下がっても、早めに売るようにしています。わずかな値幅で利食いします。

たとえば、普段は10円幅で利食いするところを、5円幅で利食いするわけです。

また、持っている時間を短くするために、上がらないと感じたら、すぐに売ります。

このようなトレードをしていれば、急落に巻き込まれる確率が低くなります。

それでも、月に1、2回は急落に巻き込まれてしまいます。しかし、それは「仕方がないこと」と受けとめています。

2 前場引けから後場寄りまでに発生するリスク

著者がデイトレードを始めた頃、よく以下のようなことで損をしました。

前場引け（終了）時点で持っていた株が後場寄り（開始）で大きく値を下げた
後場寄りで安く始まったので飛びついて買ったら直後に大きく値を下げた

読者の中にも、デイトレードで同じような経験をした方がいることでしょう。

これは、前場引けから後場寄りまでに発生するリスクによるものです。

東京証券取引所における株式市場の前場は11時30分で終了し、後場は12時30分から開始します。その間の1時間は取引が行われません。「昼の休憩」です。

この1時間の間に、リスクが発生することがあります。

たとえば、以下の要因です。

1．相場全体に影響するような悪材料が出た
2．為替が大きく動いた（主に円高）
3．日経225先物が値下がりした

前場引けから後場寄りまでに、相場全体に影響するような悪材料が出ると、後場寄りは前場の終値に比べて安く始まります。

一つ実例を挙げておきましょう。

ここ最近の例では、米国大統領選の結果が判明した日（２０１６年11月9日）です。開票前、市場はクリントン氏が優勢という見方が多かったようです。ところが開票が進むにつれ、かなりの接戦に。どちらかというと、トランプ氏が優勢。「トランプ氏が大統領になると日本にとってはデメリットが大きいのでは」ということからか、株価が下落しはじめました。

前場の引け際には、前場引けから後場寄りまでに発生するリスクを回避するための売りがたくさん出て、さらに下落。

日経平均株価の前場の終値は１万６７８８円。

そして、前場引けから後場寄りまでの間に、開票が進み、さらにトランプ氏が優勢になりました。

これは、「相場全体に影響するような悪材料」です。著者は、「後場寄りはかなり下落して始まりそうだ」と思っていました。

前場引けから後場寄りまでのリスク

日経平均株価 5分足

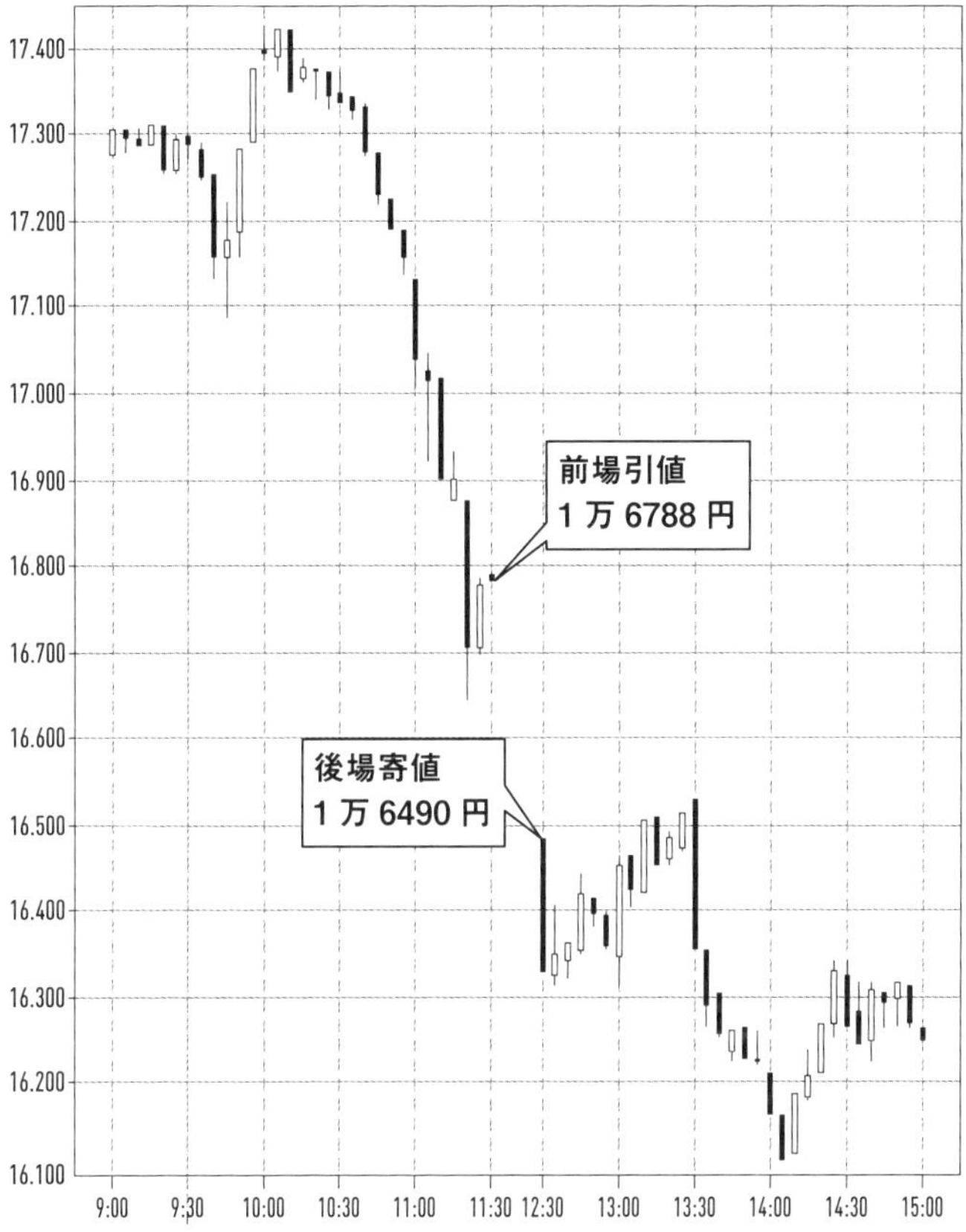

その予想通り、日経平均株価の後場寄りは1万6490円台。前場の終値に比べると約300円安です。1日に300円下がっただけでパニックになる人がいるのに、昼の休憩の1時間だけで300円も下がったら大変です。案の定、市場は後場寄りからしばらくの間、パニック状態でした。

このように、前場引けから後場寄りまでに相場全体に影響するような悪材料が出ると、後場寄りは前場の終値に比べて安く始まります。

また、前場引けから後場寄りまでに為替が大きく動くというリスクもあります。主に円高に動いたときです。基本的に、為替が円高になると株価は下落します。といっても、数十銭程度、円高に動いても、リスクと認識されません。1円以上でリスクとして認識されるようです（市場が為替の動きに対して敏感なときは数十銭程度の円高でもリスクになります）。この「1円以上で」というのは、あくまでも著者の見解ですが。

それと、前場引けから後場寄りまでに日経225先物が値下がりすると、後場寄りは前場の終値に比べて安く始まります。

相場全体の動きは日経平均株価と連動しやすい。その日経平均株価は日経225先物と連動します。ですから、日経225先物が値下がりすると、相場が下落するわけです。

「(前場引けから後場寄りまでの間は) 日経225先物の取引も行われていないのでは」と思った方もいるかもしれませんが、日経225先物の取引は継続して行われます。

また、「(前場引けから後場寄りまでの間に) 日経225先物が下落するのにはなんらかの要因があるから。相場全体に影響するような悪材料が出たり、為替が大きく動いたから日経225先物が下落するのでは」と思った方もいることでしょう。つまり、1と2のリスクで日経225先物が下落するのではないか、ということです。

たしかに、その関係で動くこともあるのですが、1と2のリスクがなくても日経225先物が下落することがあります。海外の機関投資家が仕掛けているという話もあります。

いずれにしても、前場引けから後場寄りまでに日経225先物が値下がりというリスクがあるので、注意してください。

後場寄りの値下がりへの対処法

こういったリスクが前場引けから後場寄りまでに発生すると、後場寄りは前場の終値に比べて安く始まる銘柄が多くなります。

たとえば、ある銘柄の前場の終値が350円だったとします。前場引けから後場寄りまでになんらかのリスクが発生すると、後場寄りは340円で取引が始まる。このようなことが時々あるのです。

仮に、この銘柄を前場に350円で1万株買い、そのまま後場まで持ち越したとしたら、後場寄り340円の時点で値幅10円分の損失、10万円の損失が発生してしまいます。昼の休憩時間に相場の異変に気づいたとしても、後場までの間は取引が行われないので、株を売ることができません。後場寄りで少しでも値下がり幅が小さくて済むことを祈るしかないのです。

前場引けから後場寄りまでに発生するリスクへの対処法としては、「なるべく持ち越さない」ということです。株を持っていなければ、後場寄りでどんなに下落しようと、損失が発生することはありません。ですから、リスクを避けるのであれば、持ち越さないことです。

しかし、誤解していただきたくないのが、必ずしも「持ち越さないほうが正解」というわけではないということです。後場寄りで値上がりすることもあるので、必ず持ち越さないほうがいいわけではありません。「損をしたくないのであれば持ち越さないほうがいい」ということです。リスクを取ってでもリターンを狙うというのであれば、持ち越してもかまいません。

後場寄り直後の下落に注意する

前場引けから後場寄りまでに発生し、後場寄りは前場の終値に比べてそれほど安くない株価で取引が始まったが、直後に大きく下落することがあります。

これは、後場寄りまではリスクが発生したことに気づかなかった人が、後場寄りで市場の異変に気づき、慌てて株を売ってくるためです。

一つ実例を挙げておきましょう。

165ページのチャートは、Ｎｕｔｓ（東証ジャスダック7612）の5分足です。日にちは2016年11月9日。159ページの日経平均株価と同じ、米国大統領選の結果が判明する日です。

前場の終値は116円。後場寄りは110円。6円安なので、これだけでもけっこうな下落幅です。この状況で、「6円安なら安いな」と思い、買った人がたくさんいたようです。

こういった銘柄を、安いからといってうかつに買うと、買った直後に大きな損失が発生します。

実際、この銘柄は後場寄り後、急落。しかも、最安値は98円です。後場寄りの110円から12円も下落したわけです（前場の終値から18円安）。この価格帯の銘柄で12円の下落は、かなりきつい下げです。

後場寄りで買ったデイトレーダーはロスカットした人も多いことでしょう。12円も下落したら持っていられません。スキルの高いデイトレーダーほどしっかりとロスカットするので、後場寄りで買ってしまったのなら、ロスカットによる売りは仕方がないことです。

さすがに売られ過ぎということで買い注文が集まり、大きくリバウンドしましたが。

もちろん、前場引けから後場寄りまでにリスクが発生したからといって、必ず後場

後場寄り直後の急落に注意

Nuts（東証ジャスダック7612）5分足

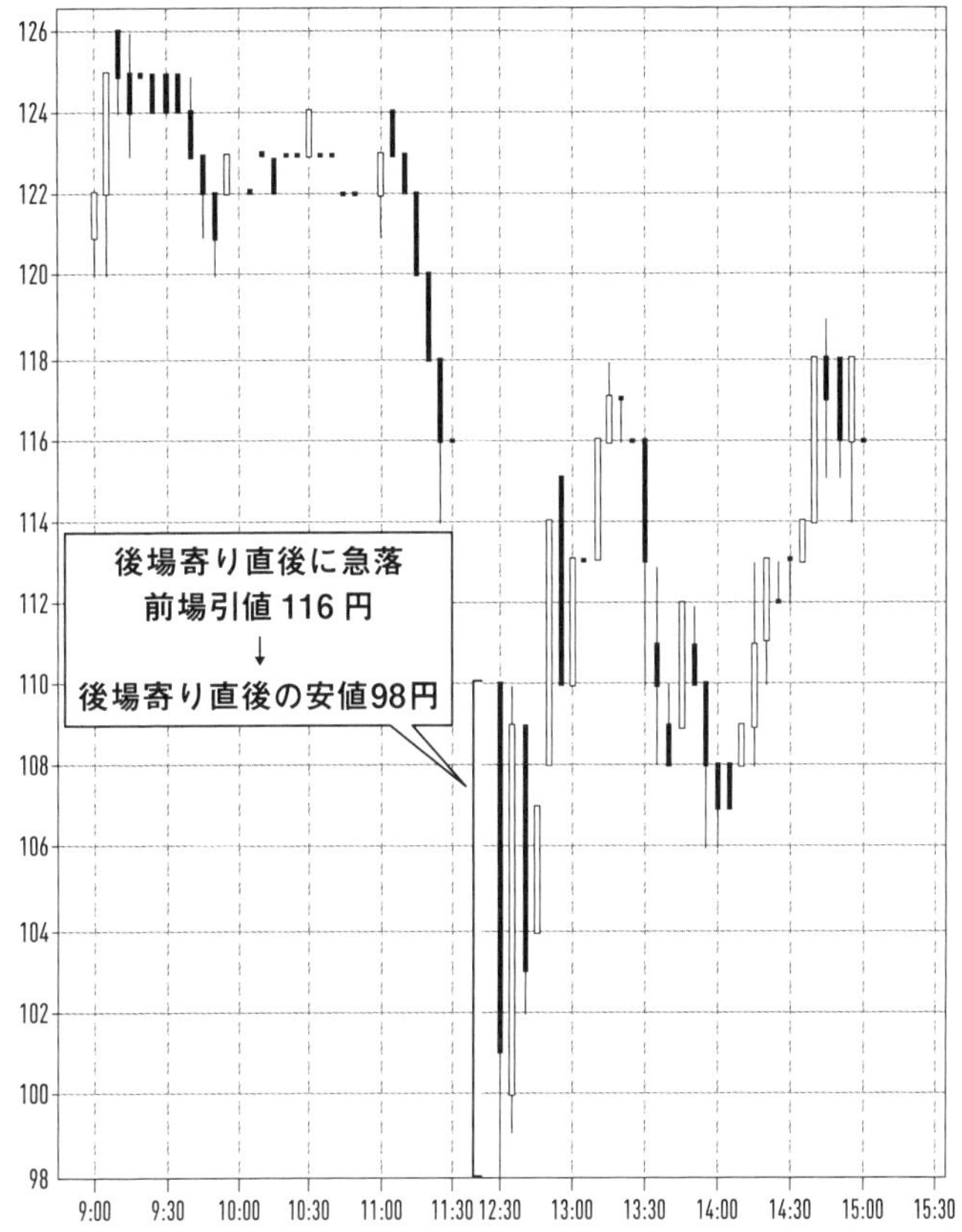

寄り直後に急落するというわけではありません。後場寄り直後に上昇することもあります。

「なるべく損をしたくないのであれば、前場終了から後場寄りまでにリスクが発生したら、後場寄り直後には買わないほうがよい」ということです。

前場引けから後場寄りまでに発生するリスクの見極め方

では、「前場引けから後場寄りまでにリスクが発生したかどうか」、また、「どの程度、相場に影響するリスクなのか」については、どのようにして見極めればよいのでしょうか。

これは、先に少し書きましたが、「日経225先物の動きを見ておくこと」です。

157ページの1と2のリスク（悪材料と為替のリスク）が発生すれば、すぐに日経225先物の動きに反映されます。ですから、悪材料や為替のリスクが発生したかどうかを調べなくても、日経225先物の動きを見ておけばよいのです。「日経平均株価が後場寄りでどのくらい下げて始まるか」もわかります。

実例を挙げておきましょう。次ページのチャートは、米国大統領選の結果が判明し

前場引けから後場寄りまでのリスクがわかる

日経225先物 5分足

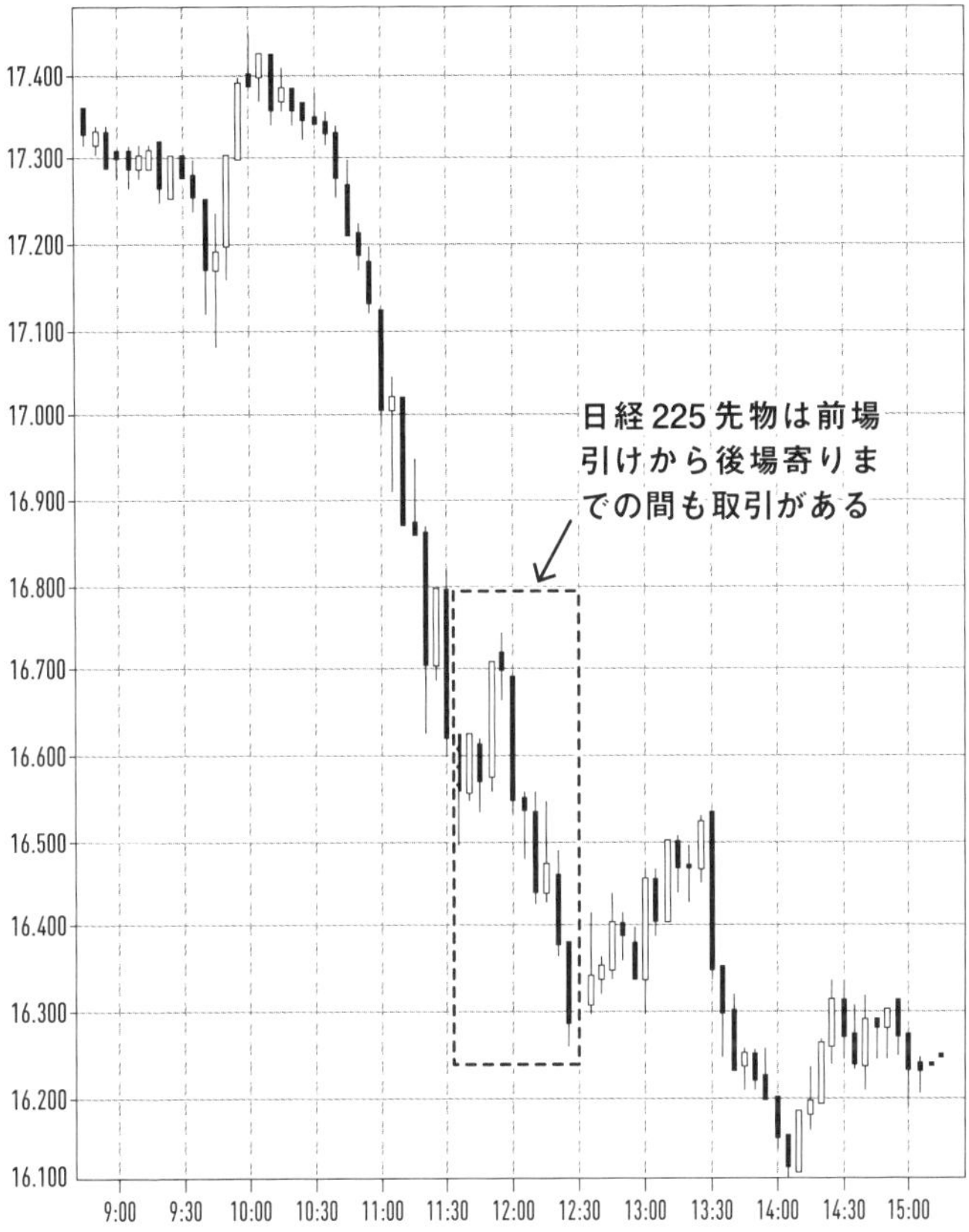

た日の日経225先物の5分足です。

159ページの日経平均株価5分足チャートと比べると違いがすぐにわかると思います。

日経平均株価のほうは11時30分から12時30分までの間にローソク足がなく、日経225先物のほうはローソク足があります。

継続して取引が行われているわけです。

この1時間の値動きに注目します。

11時30分の値段よりも下がっていれば、前場引けから後場寄りまでになんらかのリスクが発生したと考えられます。また、11時30分の値段からの下げ幅で、どの程度、相場（主に後場寄り）に影響するのかがわかります。

前場と後場の間に休憩をとるのはいいのですが、デイトレードで利益を出したいのであれば、後場寄りの少し前には日経225先物の動きを把握しておきましょう。

3 相場全体が大きく上がってもリスクはある

年に何日かは相場全体が前日比で大きく上がる日があります。そのような日はデイトレードで儲かる確率が高いのでしょうか。

じつは、必ずしも儲かる確率が高いとはいえません。かえって、トレードがやりにくく、儲けられない場合もあります。

著者は下落している日のデイトレードは得意で、大きく下落しているほど利益も大きくなります（過去の実績から）。

しかし、大きく上昇している日のデイトレードは苦手で、利益も小さいです。もっとも苦手なのが、朝の寄り付きで大きく上昇して始まり、その後、ほぼ横ばいで推移したり緩やかに下降する相場です。

一つ実例を挙げておきましょう。171ページのチャートは、日産自動車（東証1部7201）の5分足です。日付は2016年11月10日。米国大統領選の結果が出て日経平均株価が暴落した、その翌日です。

この日、相場全体は寄り付きから高く、日経平均株価は前日比で900円高以上（終値は前日比で約1088円高）。

日産自動車は前日比46・7円高で寄り付いた後、下落。一時は前日の終値あたりまで下落しました。大きなリバウンドもなく、デイトレード（の買い）で利益を出しにくい動きでした。

日経平均株価が1000円以上も値上がりしたことを考えると、日経平均225の構成銘柄としてはさえない動きです。

このように相場全体が前日比で大きく上がったからといって、すべての銘柄が大きく上昇するとはかぎりません。また、必ずしもデイトレードで利益を出しやすいとはかぎらないのです。

相場全体が大きく上がってもリスクはあるわけですから、そのリスクをよく見極めて立ち回りましょう。

相場全体が大きく上がっても稼げるとはかぎらない

日産自動車（東証1部7201）5分足

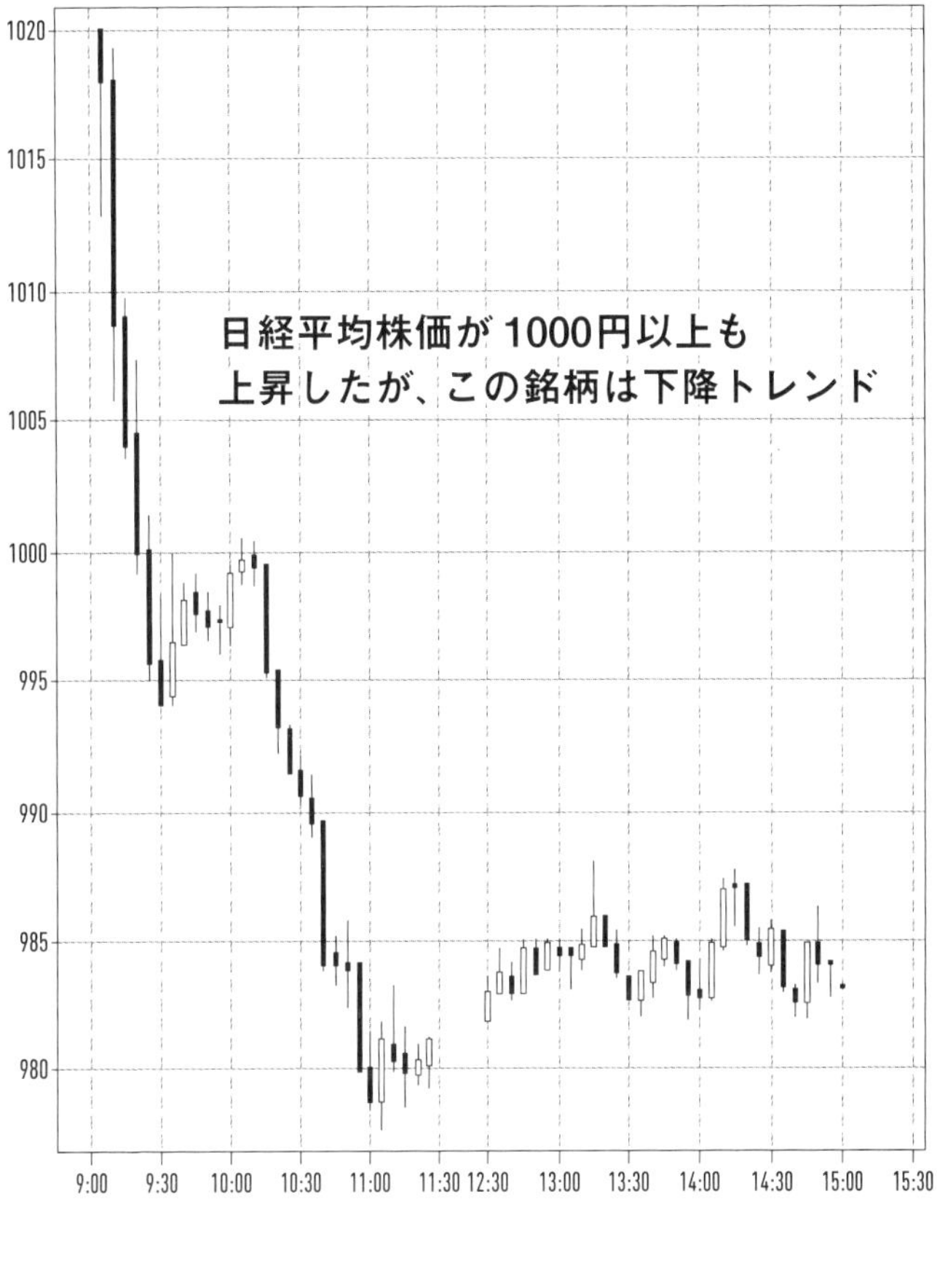

4 日経平均株価の下げ幅で投資家やトレーダーの心理状況がわかる

日経平均株価は株式相場の状況を判断する目安になります。

トレードの経験を積むことにより、日経平均株価の動きで投資家やトレーダーの心理状況がわかるようになります。

とくに、前日比の下げ幅で、投資家やトレーダーの心理、それによる行動、そして、どのような相場になるかがわかってきます。

以下、私の見解です。

日経平均株価が前日比0〜200円安

200円安程度はよくあることなので、不安になる投資家やトレーダーは少ないといえます。

逆に、リバウンドを狙うトレーダーが買いのタイミングを見計らっているので、買い注文がそれなりに出ます。とくに、直近で大きく上昇している銘柄には、リバウンドを狙うトレーダーが群がり、活況になります。そのため、リバウンドする場面も多く、リバウンド幅もそこそこあります。リバウンド狙いの経験が豊富なデイトレーダーにとってはトレードしやすい状況です。著者にとってもトレードしやすいので、得意な状況です。

また、なぜかこのくらいの下落幅では、下落している銘柄で強気に上値を追うトレーダーもいます。「安いので買わないと損」という考えなのでしょうか。

日経平均株価が前日比200〜300円安

日経平均株価が前日比で200円安を超えると、やや不安になる投資家やトレーダーが増えてきます。

デイトレードを手控えるトレーダーもいるようです。

リバウンドを狙うトレーダーはやや少なくなるため、リバウンドする場面もやや少なく、リバウンド幅も小さくなります。

しかし、リバウンド狙いの経験が豊富なデイトレーダーにとってはまだまだ利益を出しやすい状況です。

日経平均株価が前日比300〜500円安

日経平均株価が前日比で300円安を超えると、多くの投資家やトレーダーは不安になるようです。

デイトレードを手控えるトレーダーもかなりいるようです。

また、持ち株を売る投資家やトレーダーも多くなります。とくに、まだ含み益（決済していない計算上の利益）がある株を持っている人は、売って、少しでも利益を確保しようとします。

新たに買う人もいますが、反転の流れがないかぎり、上値を追うようなことはしません。どんどん下がってくるわけですから、わざわざ上値を追わず、下値で待っているほうが賢いからです。

リバウンドを狙うトレーダーはかなり少なくなるため、リバウンドする場面も少なく、リバウンド幅も小さくなります。

しかし、著者はこのような状況でもしっかりと利益を出すことができます。むしろ、得意な状況です。

日経平均株価が前日比500円安超

日経平均株価が前日比で500円安を超えると、ほとんどの投資家やトレーダーは不安になるようです。

持ち株がある投資家やトレーダーの中には、狼狽売り（パニック売り）をする人がいます。リバウンドする場面も少なく、リバウンド幅も小さくなります。ほとんどリバウンドしないこともあります。

また、下落のスピードが速く、買った途端に大きな含み損が発生してしまうことも珍しくありません。

しかし、著者はこのような状況でもしっかりと利益を出すことができます。むしろ、大得意な状況です。

スキルの乏しいデイトレーダーは、トレードをしないほうが無難です。やるのなら、数日後のリバウンドを狙ったスイングトレードのほうがいいでしょう。ただし、大きなリスクがあります。さらに下落が続けば、大きな損失が発生します。注意してください。

5 日経平均株価の下げ幅が大きい日のトレード

日経平均株価の下げ幅が大きい日はトレードをしないほうがいいのでしょうか。それとも、したほうがいいのでしょうか。

この答えは難しいですね。金銭に関わることなので、うかつには答えられません。「しないほうがいい」といって利益が出るチャンスを逃してしまっても困るし、「したほうがいい」といって損失が出てしまっても困ります。

トレードをしないほうが無難です。

しかし、やらないと上手くならないのがトレード。どのような相場でもトレードをして、経験を積んでいくことも大切です。利益が出ても損失が出ても、いずれはその経験が活きてきます。

ですから、後々のことを考えると、日経平均株価の下げ幅が大きい日でもトレードをしたほうがいいといえます。

ただ、「後々のこと」よりも目先の利益にこだわるのであれば、日経平均株価の下げ幅が大きい日はトレードをしないほうが無難。わざわざ土砂降りの日に釣りに行くことはないでしょう。晴れの日に行けばいいわけです。わざわざ日経平均株価の下げ幅が大きい日にトレードをすることはないでしょう。日経平均株価が上昇している日にすればいいわけです。

する、しない、については各自で判断してください。

ちなみに、著者はします。どんなに下げ幅が大きくてもします。

以下、日経平均株価の下げ幅が大きい日のデイトレード戦略を二つ紹介します。

一つは、上昇している銘柄を買う戦略。

もう一つは、下落している銘柄を買う戦略。

どちらも、日経平均株価の下げ幅が大きい日の中で、リスクが低い状況を見極めて買います。

日経平均株価の下げ幅が大きい日に上昇している銘柄を買う

では、日経平均株価の下げ幅が大きい日のトレード戦略を説明します。

まずは、上昇している銘柄を買う戦略。

日経平均株価の下げ幅が大きい日のトレード戦略1

買い……上昇している銘柄が押した後に（当日の）高値を更新したところで
ロスカット……高値だった値段よりも数円下がったら

日経平均株価の下げ幅が大きい日でも勢いよく上昇している銘柄はいくつかあります。そういった銘柄を狙っていったほうが、リスクが小さいのでやりやすいでしょう。

上昇している銘柄は、「上昇率ランキング」を使うと簡単に探せます。上昇率ランキングとは、前日比に対して上昇率の大きい銘柄のランキングです。上位ほど上昇率が高い銘柄です。

上昇している銘柄が押した後に高値を更新したところで買います。

たとえば、350円まで上昇したとします。その後、340円まで下落（押し）。そして、再び上昇し、351円以上になったら買うわけです。

高値を更新したということは、まだまだ上昇の勢いがあるということ。また、上昇トレンド中ということをはっきりと確認できたことになります。リスクが低い状況です。

具体的な買いのタイミングは、「高値を抜いたとき」と「高値を抜いたときの5分足が確定した後」の二通りあります。

たとえば、高値が350円の場合、高値を抜いたときであれば351円以上になったら買い、高値を抜いたときの5分足が確定した後であれば5分足の終値が確定した後に次の5分足の始値あたりで買います。どちらでもやりやすいほうでいいでしょう。

利食いは、相場全体が弱気ということを考えると早いほうがよいといえます。

ロスカットのタイミングは、高値だった値段よりも数円下がったときです。たとえば、高値が350円の場合、346〜349円でロスカットします。

日経平均株価が前日比で1000円以上下げている日のリバウンド狙い

もう一つの戦略はリバウンド狙いです。

日経平均株価の下げ幅が大きい日のトレード戦略2
買い……日経平均株価が前日比で1000円以上下げたら、売られ過ぎた銘柄を買う
ロスカット……買値よりも数円下がったら

日経平均株価が前日比で1000円以上下げている日は、かなりリバウンドしやすい状況です。

その理由は、売られ過ぎた銘柄を買う人がたくさんいるからです。銘柄によってはパニック売りで大きく下落します。そういった銘柄が市場にたくさん出てきます。それらを見て、「それほど安いなら買いたい」と思う人が増え、株を買います。買われれば、株価が上がります。リバウンドするわけです。

もちろん、日経平均株価が前日比で1000円以上下げているのですから、その日の最安値から大きく戻る銘柄はほとんどありません。それでも、デイトレードとしては十分な利幅が得られます。上手く立ち回れば、あっという間に大きな利益を得られるわけです。

実際、著者は1000円以上下げた日はほとんど大勝ちしています。2016年11月9日（米国大統領選の結果が判明する日）も大勝ちしました。13時過ぎに日経平均株価が前日比で900円以上下げると、売られ過ぎた銘柄がたくさん出てきました。それらを片っ端から買いました。「拾い集める」ようなイメージです。

その後、日経平均株価が戻ると、売られ過ぎた銘柄の株価も戻りました。中には大きく戻る銘柄もありました。それらのほとんどを利食い。

売られ過ぎた銘柄がわかれば簡単に儲けられる

日経平均株価 5分足

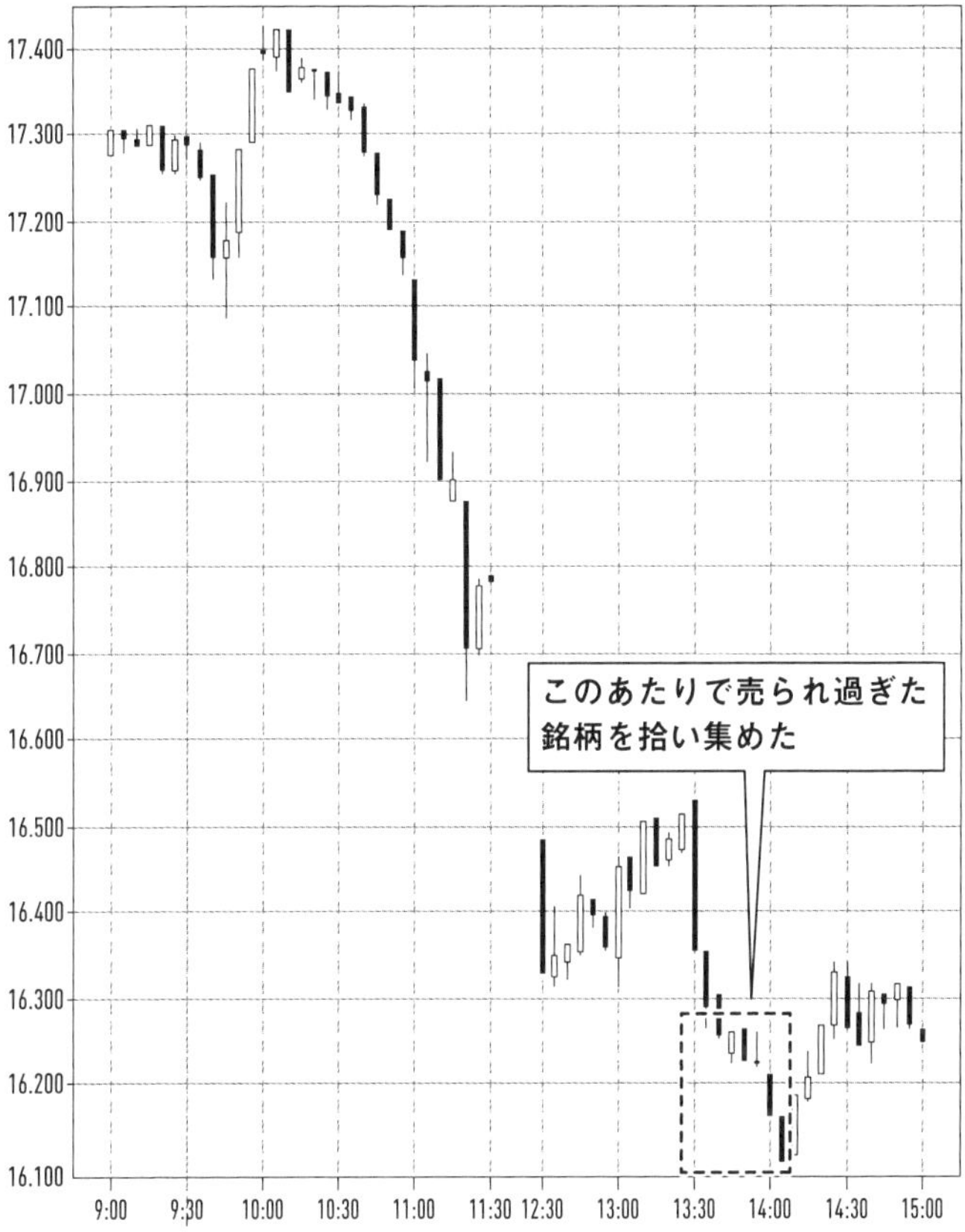

そして、日経平均株価が前日比で1000円以上下げたときに、再び売られ過ぎた銘柄を片っ端から買いました。

その後、日経平均株価が再び戻ったところで、一部の銘柄を残して利食い。この立ち回りで大勝ちできました。

このように、売られ過ぎた銘柄がわかれば、日経平均株価が前日比で1000円以上下げている日でも大きな利益を出すことが可能です。

しかし、トレード経験が少ない人はデイトレードをしないほうが無難といえます。なぜなら、「売られ過ぎ」の見極めができないからです。その銘柄が売られ過ぎなのかどうかの見極めは、トレードの経験を積まないとできません。

また、日経平均株価が前日比で1000円以上下げたからといって、株価が下げ止まるとはかぎりません。売られ過ぎた銘柄もさらに売られる可能性があります。そういった状況での対応はかなり難しいのです。

6 急落がおこりやすい時間帯

株式市場では、急落のおこりやすい時間帯があります。
その時間帯は以下のとおりです。

- **寄り付き直後**
- **前場引け近く**
- **14時過ぎ**
- **14時30分過ぎ**

寄り付き直後は急落がおこりやすい時間帯です。最も多いパターンは、「急騰後の急落」です。前日の終値と同じくらいか、少し高い株価で寄った後に急騰。そして、まとまった売り注文が出て急落。または、気配値で推移し、前日の終値に対して高い株価で寄った直後、まとまった売り注文が出て急落。

前場引け近くも急落がおこりやすい時間帯です。ただ、どんな銘柄でもというわけではなく、急落する可能性があるのは「直近で大きく上昇した銘柄」です。とくに、次ページのＪＡＬＣＯホールディングス（東証ジャスダック６６２５）のように、前場でだらだらと下がっている銘柄はまとまった売り注文が出やすいので注意が必要です。

14時過ぎや14時30分過ぎも急落が起こりやすい時間帯です。そろそろ大引け（取引終了時間）を意識する時間帯です。「今日中に売り逃げたい」という人がまとまった売り注文を出してくることがあります。とくに、「直近で大きく上昇した銘柄」はまとまった売り注文が出やすいといえます。

また、この時間帯に急落すると、大引けまで下落が続きやすくなります。14時を境に「急落→大引けまで下落」が起こるのと、14時30分過ぎを境に「急落→大引けまで下落」がおこる、二つのパターンがあります。

かなり前の話ですが、14時過ぎや14時30分過ぎの急落で買ってしまい、大引け間際まで持ち続け、大きな損失を出したことがありました。

「ＯＶＥＲ」の（売り）注文数が極端に多い銘柄はとくに注意する

急落がおこりやすい時間帯では、「ＵＮＤＥＲ」の（買い）注文数に対して「ＯＶ

前場の引け近くは急落に注意

JALCOホールディングス（東証ジャスダック6625）5分足

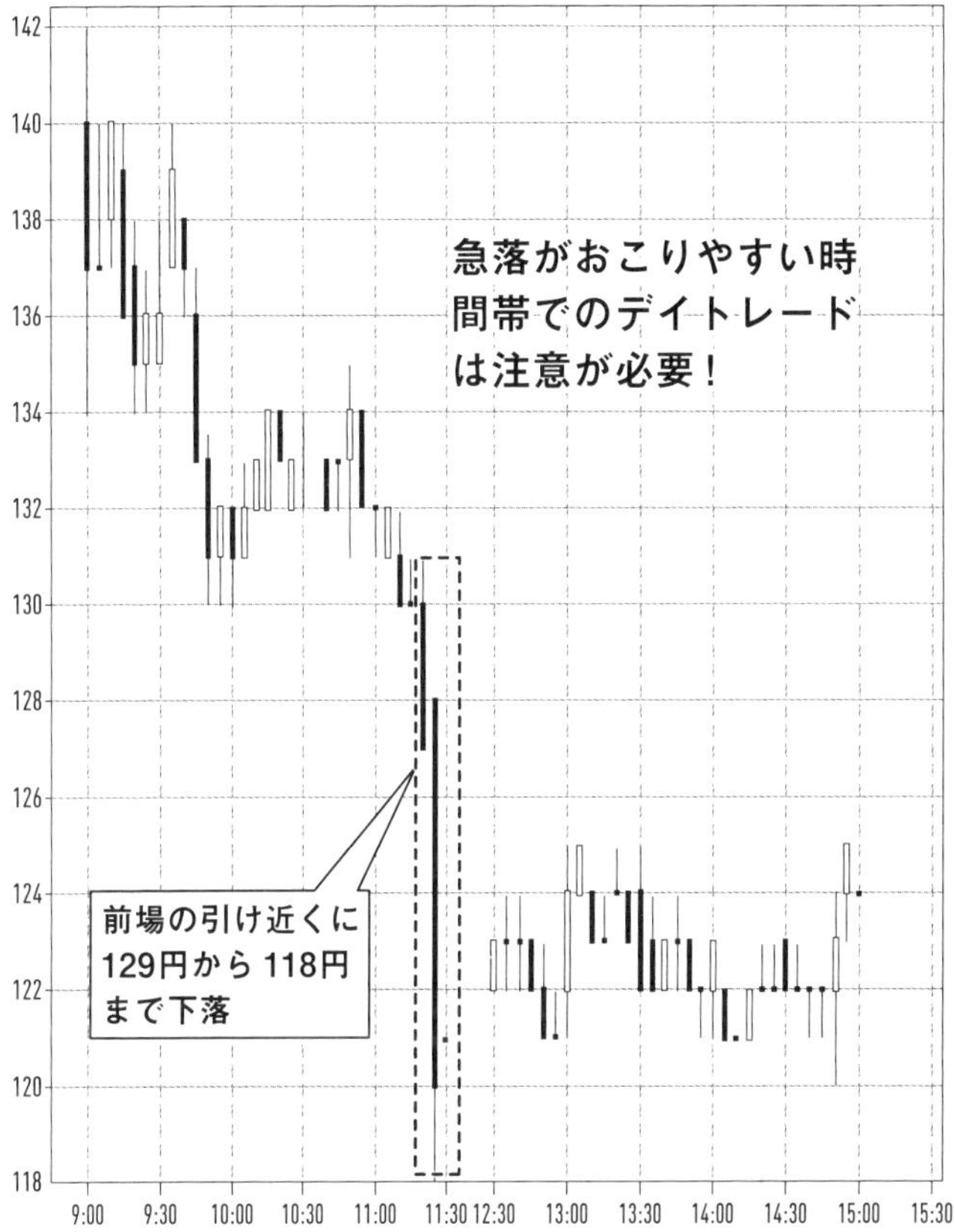

ER」の（売り）注文数が極端に多い銘柄はとくに注意しましょう。
「OVER」と「UNDER」について知らない方もいると思いますので、簡単に説明しておきましょう。
「OVER」と「UNDER」は、板（取引所に出ている買い注文と売り注文の株数を表示する株価ボードのこと）に表示されています。
それぞれ、以下の株数を表しています。
「OVER」……表示されている株価よりも上の値段に入っている売り注文の株数
「UNDER」……表示されている株価よりも下の値段に入っている買い注文の株数
例を挙げておきましょう。
次ページの板は、JALCOホールディングスの2016年12月7日前場終了時のものです。
「UNDER」の（買い）注文数……9万9200株
「OVER」の（売り）注文数……95万3500株
「UNDER」が10万株弱、「OVER」が約96万株なので、「UNDER」の注文数に対して「OVER」の注文数が10倍くらいあるわけです。桁が違う状況。

「OVER」が多い銘柄は注意

JALCOホールディングス（東証ジャスダック6625）板

「OVER」の注文数
95万 3500株

売気配株数	気配値	買気配株数
—	成行	
953,500	OVER	
6,200	130	
2,200	129	
2,300	128	
9,500	127	
12,000	126	
6,900	125	
21,700	124	
3,800	123	
5,200	122	
10,300	121	
	120	1,100
	119	25,300
	118	19,700
	117	11,500
	116	10,200
	115	22,100
	114	2,300
	113	8,100
	112	6,000
	110	6,200
	UNDER	99,200

「UNDER」の注文数
9万 9200株

POINT　「UNDER」の注文数に対して「OVER」の注文数が多い銘柄は、まとまった売り注文が出やすい

前場ではこのような状況が続いていました。

株価はだらだらと下がるような動き。そして、前場引け近くにまとまった売り注文が出ました。

129円前後だった株価が、一気に118円まで下落。

このように、「UNDER」の（買い）注文数に対して「OVER」の（売り）注文数が極端に多い銘柄は、急落がおこりやすい時間帯にまとまった売り注文が出て急落することがあるので、注意しましょう。

急落がおこりやすい時間帯のトレード

急落がおこりやすい時間帯については理解できたことと思います。

では、この時間帯にどのようなトレードを心がければよいのでしょうか。

「寄り付き直後」については、デイトレーダーにとって稼ぎやすい時間帯なので、ここで萎縮していると稼げません。ですから、「急落がおこりやすい時間帯」とだけ頭に入れておく程度でよいでしょう。

注意したいのは、「前場引け近く」「14時過ぎ」「14時30分過ぎ」です。この時間帯は以下のようなトレードを心がけましょう。

・直近で大きく上昇した銘柄はリバウンド狙いで買わない
・直近で大きく上昇した銘柄には指値の買い注文をなるべく出しておかない
・直近で大きく上昇した銘柄に指値の買い注文を出しておく場合は注文数を少なくし、指値を低くする
・直近で大きく上昇した銘柄の持ち株がある場合は減らしておく
・直近で大きく上昇した銘柄を買った後に含み損が出たら、早めにロスカットする

いずれも、「直近で大きく上昇した銘柄」が対象になります。それ以外の銘柄でもこの時間帯に急落することはあるのですが、確率は低いのでさほど気にしなくてよいでしょう。

やたらとリバウンド狙いで買わないほうがいいでしょう。なぜなら、「さらなる下落を警戒して上値で買う人が少ない」からです。「上値で買う人が少ない」ということは「株価が上がりにくい」ということ。「こんなに下落したのだから、数円ならすぐに上がるだろう」とリバウンド狙いで入っても、なかなか上がらず、再びまとまった売り注文が出たり、見切売りの注文が出て、株価はさらに下落することがあります。

ですから、この時間帯に急落したら、やたらとリバウンド狙いで買わないほうがいいでしょう。

それから、直近で大きく上昇した銘柄には指値の買い注文をなるべく出しておかないほうがいいでしょう。なぜなら、下げ幅が大きく、買った途端に含み損が発生してしまう可能性があるからです。

もし、この時間帯に、直近で大きく上昇した銘柄に指値の買い注文を出しておくなら、注文数を少なくし、指値を低くしておきましょう。たとえば、1万株の買い注文を出すところを半分の5000株にしたり、300円で買い注文を出すところを295円にします。

それから、直近で大きく上昇した銘柄の持ち株がある場合は減らしておきましょう。たとえば、1万株持っていたとすれば、3000株だけ利食いするとか。

あと、直近で大きく上昇した銘柄を買った後に含み損が出たら、早めにロスカットしましょう。まとまった売り注文が1回だけしか出ない、とはかぎりません。2回、3回……と続くことがあります。ですから、含み損が出たら粘らずに、ロスカットしたほうがいいでしょう。

7 マスコミの報道で天井がわかる

株式投資や株トレードで儲けたいと思っている人は多いようですが、実際に投資やトレードをしている人は少ないようです。著者の周りでも、ほとんどの人は投資やトレードをしていません。

しかし、ごく少数ですが、思い切って始める人もいます。

ずっと、「株で儲けたいけど、損をするのがいやなのでしません」といっていた人が、ある日突然、「じつは、株（の投資・トレードを）、始めました」と打ち明けてきます。

このような人が何人かいました。

始めたきっかけのほとんどは、マスコミの報道です。

「テレビ番組で株式投資の特集をしていた」

「雑誌で株トレードの特集をしていた」

というように、テレビで見たり、雑誌で読んだりしたのをきっかけに始めたようです。

テレビ番組や雑誌の特集では、たいがい、株式投資や株トレードで儲けた人を取り挙げているので、「自分も株式投資や株トレードをすれば儲けられるかも」「自分も株式投資や株トレードで儲けたい」と思うからでしょう。

では、マスコミの報道をきっかけに株式投資や株トレードを始めた人たちの収支はどうなのでしょうか。儲かったのか、それとも、損をしたのか。

もちろん、全員に収支を聞いたわけではありませんが、著者が聞いた範囲では、9割の人が損をしています。ここ数年では、全員が損をしています。

「アベノミクスによる株高」といった絶好の条件下での投資・トレードなのに、なぜ、損をする人が多いのでしょうか。株高なのだから、全員が儲けていてもおかしくないでしょう。

この答えは、一言でいうと、「高い位置で買ったから」です。

マスコミ報道の落とし穴

テレビ番組や雑誌といったマスコミが株式投資や株トレードの話題を取り挙げるときは、どのようなときでしょう。

株価の動きがあまりないときに、株式投資や株トレードの話題を取り挙げることはほとんどないでしょう。このようなときに特集を組んだとしても、株式投資や株トレードに対して視聴者や読者の関心が薄いため、見向きもされません。

やはり、マスコミが取り挙げるのは、「株価の動きが大きいとき」です。

・株価が大きく上昇している（株高）
・株価が大きく下降している（株安）

株価が大きく上昇しているときは、「金銭欲」を煽るような特集が多くなります。たとえば、「専業主婦が株式投資で1000万円儲けた」「株トレードで100万円が1億円になった」など。

株価が大きく下降しているときは、「不安」や「恐怖」を煽るような特集が多くなります。たとえば、「日本株暴落」「世界同時株安」など。

では、「株価が大きく上昇しているとき」と「株価が大きく下降しているとき」、どちらの特集記事を見たとき、読んだときに株式投資や株トレードを始めたくなるでしょうか。

おそらく、株価が大きく下降しているときの特集に興味を持って始める人は少ないでしょう。ある意味、株価が安いときに株を買うので、賢いといえないこともないのですが。

多くの人は、株価が大きく上昇しているときの特集に興味を持って始めるのではないでしょうか。

私の周りで株式投資や株トレードを始めた人も、株価が大きく上昇しているときのマスコミ報道です。ある人は、「テレビや雑誌で何度となく特集を目にし、今、株式投資をしないともったいない」ような気になったそうです。そのほかの人もテレビ番組や雑誌の特集を目にしたのがきっかけで、株式投資や株トレードを始めています。

ここに、落とし穴があります。

株式投資や株トレードを始めるタイミングとしては、けっしていいタイミングではありません。むしろ、初心者には難しいタイミングです。

多くのマスコミが特集を組むときは、すでにタイミングが大きく上昇した後なのです。ここからさらに大きく上昇すれば、特集をきっかけに始めた人は儲けられるでしょう。

しかし、たいがいはあまり上昇しません。上昇したとしても、その後、急落してしまいます。一時的に含み益（決済前の利益）が出ていたとしても、結局、損をしてしまうわけです。

マスコミが騒ぎ出したら天井が近い

テレビ番組や雑誌で多くの特集が組まれると、普段は株式投資や株トレードをしない人も株を買ってきます。また、今までに株式投資や株トレードをしたことがない人も株を買ってきます。

株価は、「需要と供給」、「売りと買いのバランス」で決まるため、市場への参加者が増えると株価が上昇します。マスコミの影響で参加者が急激に増えると、株価の上昇に拍車がかかります。急騰するわけです。

しかし、株価がかなり高い位置になってしまうため、リスクが大きくなります。

そして、なんらかのきっかけで下落しはじめると、多くの人が売り逃げようとするため、急落、場合によっては暴落します。

これは過去のどの相場でも同じ。ＩＴバブルの株高のときもそうですし、ライブドアショック前（デイトレードがブームになった頃）の株高のときもそうです。

当時も多くのマスコミが株式投資や株トレードの特集を組みました。

そして、市場には参加者が多く集まり、さらに株高に。それこそ、お祭り騒ぎでした。

しかし、なんらかのきっかけで、株価が急落、暴落。

マスコミが特集を組む前から株を買っていた人は、急落した後に売っても大きな損失が出ることはほとんどないでしょう。下げ幅しだいでは、急落した後に売っても利益が出ます。

しかし、マスコミが特集を組んだ後に株を買っていた人は、急落した後に売ると大きな損失が出たことでしょう。

- **マスコミが「株高」と騒ぎ出したらリスクが大きくなっている**
- **普段は株式投資や株トレードをしていない人が株を買い始めたら、リスクが大きくなっている**
- **今までに株式投資や株トレードをしたことがない人が株を買い始めたら、リスクが大きくなっている**

このように思っていたほうがよいでしょう。

原油や金もマスコミが騒ぎ出したら天井近辺の可能性が高くなる

マスコミが騒ぎ出したらリスクが大きくなっている。

これは、株以外にもいえることです。

たとえば、「原油」や「金」もそうです。

2008年頃、原油でマスコミが騒ぎました。原油1バレルあたり140ドルを超え、生活に影響を及ぼしていたこともあり、テレビ番組の特集でも頻繁に原油高を取り挙げられていました。

ある番組では、個人経営のクリーニング店を取材し、原油高による燃料費の高騰で、利益が出ないようなことを伝えていました。

「このまま原油高が続くと家計をどんどん圧迫する」というような内容の特集が多かったようです。

しかし、2008年7月の1バレルあたり147・27ドルを高値に下落。いや、急落、暴落。約5カ月後の同年12月には1バレルあたり40ドルを割り込みました。

マスコミが「原油高」と騒いでいた頃が天井近辺だったわけです。

原油だけでなく、金も同じです。貴金属の金です。

2011年頃、金の価格高騰でマスコミが騒ぎました。テレビ番組の特集でも頻繁に金の価格高騰が取り挙げられていました。とくに、18時台のニュース番組で頻繁に取り挙げられていました。

質屋や貴金属買取店での密着取材。お客が金の買取価格を聞いて驚いたり、喜んだりする場面が映されていました。もっとも記憶に残っているのが、金の自動販売機を紹介した特集です。ある会社の金貨自販機です。自販機だからといって金貨を安く購入できるわけではありません。むしろ、その逆。かなり割高で売っています。

こういった特集を頻繁に見ているうちに、「金相場はそろそろ天井かな」と思いました。

案の定、2013年2月に1グラムあたり5242円の高値を付けた後に下落。その後、切り返しましたが、同年4月に5255円の高値を付けた後、4000円割れまで急落しました。この4月の高値が近年の最高値になっています。

このように、株だけでなく、原油や金もマスコミが騒ぎ出したら天井近辺の可能性が高くなるわけです。

原油もマスコミが騒ぎ出したら天井

WTI原油先物価格 月足

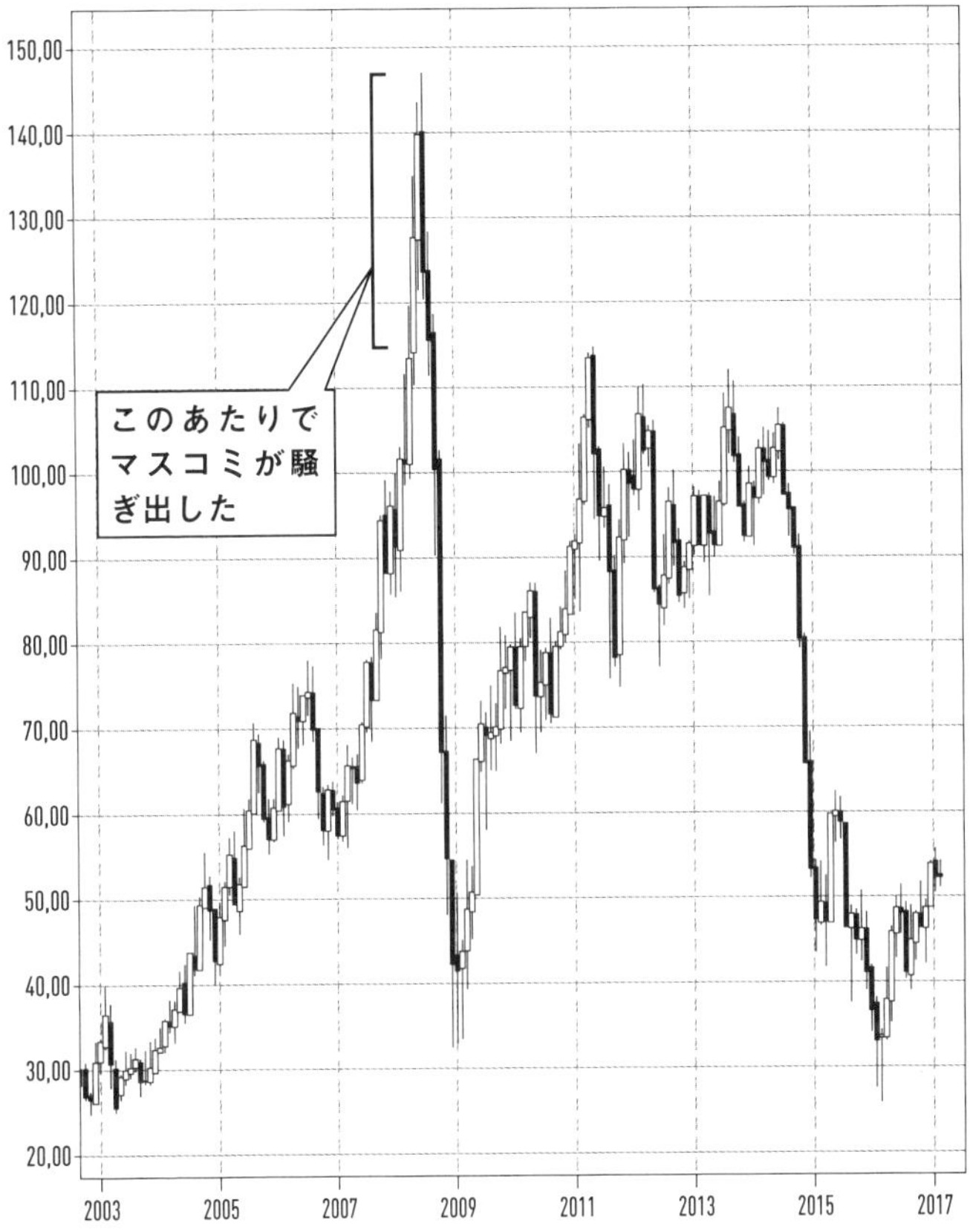

マスコミの報道で天井を当て、金を売り抜けた

少し話が逸れてしまいますが、著者が金を売り抜けたときのことを書いておきましょう。

著者の趣味は、「金貨収集」です。初めは紀元前の金貨（世界で初めて金貨が作られたのは紀元前7〜6世紀頃といわれている）に興味を持ちました。その後、「メイプルリーフ金貨」や「ウィーン金貨ハーモニー」などを集めるようになりました。

デイトレードで大きな利益が出た日は、相場が終わった後、最寄り駅の近くにある『ジュエリーツツミ』に行って、金貨を購入していました（理由があって現在は購入していません。その理由は後ほど）。ジュエリーツツミは株式会社ツツミの直営店。株式会社ツツミ（本社埼玉県蕨市）は宝飾品や貴金属の小売、卸売の企業。東証1部上場のツツミです。

お洒落な格好をしたカップルがジュエリーを選んでいる店内に、つかつかと入っていき、黒いスーツ（たぶん制服）の女性店員に「すみません。メイプルリーフ金貨の2分の1オンスを1枚ください」と告げる。出された金貨を検《あらた》めたら、代金を払っ

て店を後にします。おそらく、女性店員の方たちは、「あのオヤジ、また金貨を買いに来た」と思っていたことでしょう。

なぜ、ジュエリーツツミで買っていたのかというと、それには二つ理由があります。

1. 自宅から近い
2. 田中貴金属の販売価格で購入できるから

一つの理由は、自宅の周辺で金貨を購入できるところは限られていたからです。

もう一つの理由は、田中貴金属の販売価格で購入できるからです。田中貴金属は、金の卸し、小売で有名な企業です。ジュエリーツツミは田中貴金属と業務提携しており、田中貴金属と同じ販売価格で金貨を販売しています。つまり、わざわざ田中貴金属に行かなくても、田中貴金属と同じ値段で金貨を買えるわけです。

この二つの理由で、ジュエリーツツミで買っていました。

さて、話を金の相場のほうに戻しましょう。

先にも述べた通り、金貨は趣味で集めていました。もちろん、少しは資産運用も兼ねていましたが、趣味の部分が大きかったため、売るつもりはありませんでした。子供が成人したときにでも、あげようかと思っていました。

ところが、金の価格が高騰し、マスコミが騒ぎ出したので、「金相場はそろそろ天井かな」と思いました。すると、投資家・トレーダーとしての血が騒ぎ、売って差益を得たくなってきました。

金相場が上昇してきたときに、東京・新宿にある田中貴金属へ様子を見に行きました。様子を見るといっても、ジュエリーツツミと違って、外からは店内を覗くことができません。

警備員が立ってる入り口から地下へ。ドアから入ると目の前に女性従業員が立っていて、用件を聞かれました。

「金貨を買い取っていただきたいのですが」

そう告げると、「10分程度、お待ちください」といわれました。

そのとき、フロアに（著者以外の）客は3人しかいませんでした。

それを見たとき、「まだ売り時ではないな。もう少し値上がりしそうだ」と思いました。そのため、金貨を売りたくなかったのですが、著者の番号を呼ばれてしまい、仕方なく1枚だけ売ることにしました。

それから数週間が経ち、その間に金価格がさらに上昇。読みどおりです。

金もマスコミが騒ぎ出したら天井

東京金先物 月足（つなぎ足）

そして、マスコミがさらに騒ぎ出し、著者も投資家・トレーダーとしての血がさらに騒ぎだしたので、まとまった枚数の金貨を売却することにしました。

再び、新宿にある田中貴金属へ。階段を下りて店内に入ると、熱気が。客が30人くらいいました。女性従業員が寄ってきて、「40分くらいかかりますが、お待ちいただけますでしょうか」といわれました。

「マスコミの騒ぎ方と田中貴金属の客の数からして、ここが売り時で間違いないな」と思ったので、待ってでも売ることにしました。

結局、集めた金貨の半分以上を数日間かけて売りました。

買った金額の倍に近い値段で売れた金貨もありました。売った後、少ししてから金価格は下落しました。

「いいタイミングで売れたな」と思っています。

このように、マスコミの報道に注意していれば、相場を読めるときがあるのです。

だいぶ金貨の話が長くなってしまいましたが、あと少しだけ。

先にも述べた通り、現在は金貨を購入していません。その理由について。それは、国税局の調査が入るからです。詳しく述べることはやめておきますが。

さて、話を株に戻しましょう。

金貨の話が長くなってしまったので、要点をまとめておきます。

- **マスコミが頻繁に特集を組むようになってから株を買うと、損する確率が高い**
- **マスコミが頻繁に特集を組むようになると株式相場の天井が近い**
- **マスコミが頻繁に特集を組むようになると株価の下落リスクが大きくなる**

これらをこの項目で述べてきました。

あともう一つ付け加えておきましょう。

「女性タレントが表紙を飾るような株本が複数出てきたらリスクの大きい相場に突入」と思っておいてください。

株価が大きく上昇してマスコミが取り挙げると、今まで株の投資やトレードをしたことのない人が株本を求めるようになります。

すると、そういった人たちの目に留まるように、女性タレントの画像を表紙に使う株本が出てきます。

こういった本は、マスコミが株高を取り挙げるほど増えてきます。複数の本が出てきたら、高い確率で天井を打つので注意してください。

8 「リスク」と「リターン」を天秤に載せる

著者はよく、頭の中に「天秤」を思い浮かべて考えます。天秤の片方には「リスク」を載せます。もう片方には「リターン（利益）」を載せます。

そして、天秤が「リターン」のほうが下がる。「どちらかといえば」ではなく、「しっかりと（はっきりと）」、「リターン」のほうが下がる。

このような状況で株を買ったり（カラ売りの場合は売ったり）しています。リスクに比べてリターンが大きい状況と判断できたときだけトレードをしているわけです。

読者の皆さんも、株式投資や株トレードをするとき、頭の中に天秤を思い浮かべてみてください。天秤はどんな形のものでもかまいません。そして、天秤の片方には「リスク」を載せ、もう片方には「リターン」を載せてください。

おそらく、できないはずです。

なぜなら、天秤に載せる「リスク」と「リターン」がわかっていないからです。わかっていないものを載せること、量ること（比べること）はできません。

できるようになるには、訓練が必要です。その状況において、「リスクがどれくらいあるのか？」、そして、「リターンがどれくらいあるのか？」を見極める訓練をしていきます。もう少し具体的に述べると、「株を買った後、どれくらい（何円）下がる可能性があるのか？」、「株を買った後、どれくらい（何円）上がる可能性があるのか？」ということを見極めます。

「ここはリスクが5円程度で、リターンが10円以上ありそうだ」

というように、訓練をすることで、「リスク」と「リターン」を見極めることができるようになり、天秤に載せて「どちらが重いのか？」と量ることができるようになります。

これがしっかりとできるようになれば、株のトレードで損をすることは少なくなり、利益を積み上げていけるようになるでしょう。

[著者略歴]

二階堂重人（にかいどう・しげと）
1959年、埼玉県生まれ。専業トレーダー。
サラリーマン生活のかたわら、株で「勝つための知識とテクニック」を徹底的に研究。その後、「株式投資で生計が立つ目途が明らかについた」ため、独立。テクニカル分析を駆使したデイトレードやスイングトレードが中心。株、FXの双方で、月間ベースでは負けることがない勝率8割という驚異の勝率を17年間たたき出している。『東京オリンピックまでに株で1億円儲ける』（ビジネス社）をはじめ40冊以上の株、FX本を出しており、ベストセラーに『これから始める株デイトレード』（日本文芸社)、『サラリーマンが「株で稼ぐ」一番いい方法』（三笠書房)、『デイトレードで毎日を給料日にする！』『デイトレードのカラ売りでどんな相場でも勝つ！』（ともに、すばる舎）などがある。また、『二階堂重人の常勝トレード 黄金のルール』（実業之日本社）の投資成功法則本がある。

小心者こそ儲かる **7日間株トレード入門**

2017年4月23日　　　第1刷発行

著　者　二階堂重人
発行者　唐津　隆
発行所　株式会社ビジネス社

〒162-0805　東京都新宿区矢来町114番地 神楽坂高橋ビル5階
電話　03(5227)1602　FAX　03(5227)1603
URL　http://www.business-sha.co.jp

〈編集協力〉野口英明　〈カバーデザイン〉中村 聡
〈本文組版〉エムアンドケイ
〈印刷・製本〉半七写真印刷工業株式会社
〈編集担当〉大森勇輝　〈営業担当〉山口健志

ISBN978-4-8284-1950-3